한국체육대학교 학술교양총서

요가철학

한국체육대학교
학술교양총서
002

요가철학

신정호

글누림

한국체육대학교 학술교양총서 발간에 부쳐

아이작 뉴턴은 생의 막바지에 이런 말을 남겼다.

"나는 바닷가에서 노는 소년과 같았다. 가끔씩 보통 것보다 더 매끈한 돌이나 더 예쁜 조개껍데기를 찾고 즐거워하는 소년. 그러는 동안에도 내 앞에는 광대한 진리의 바다가 미지의 상태로 펼쳐져 있었다."

뉴턴의 아포리즘은 학인(學人)의 삶, 그 숙명을 함축한다. 배움은 진리를 사랑함이니 사과 한 알, 조개껍데기 하나로써 세상의 작동원리를 갈음한 천재의 언어로 부족함이 없다. 그의 통찰은 '거인의 어깨 위에 앉은 난쟁이'의 비유에서 가장 높은 경지에 이른다.

"내가 더 멀리 보았다면 이는 거인들의 어깨 위에 올라서 있었기 때문이다(If I have seen further, it is by standing on the shoulders of giants)."

로버트 머튼이 쓴 『거인의 어깨 위에서』는 뉴턴의 비유가 매우 오래된 인용문임을 밝힌다. 뉴턴은 조지 허버트를, 허버트는 로버트 버튼을, 버튼은 디에고 데 에스텔라를, 에스텔라는 존 솔즈베리를, 그리고 솔즈베리는 베르나르 사르트르를 인용했다.

마태오가 적어나간 아브라함 가문의 내력과도 같지 않은가? 천재의 아우라가 해묵은 은유에 생명을 불어 넣었으리라. 거인과 어깨의 계보는 또한 진리의 오솔길. 그 길은 오로지 나아감이 있을 따름이다. 학인의 숙명은 미지의 열락을 찾아 헤매는 지상의 나그네다.

한국체육대학교 학술교양총서는 어깨에 어깨를 걸고 인내로써 천년의 탑을 포개려는 정성의 결실이다. 1977년 개교 이래 성상을 거듭해 정진해온 대한민국 유일의 종합체육대학으로서 학문적 성과와 현장의 경험을 집약하고자 하는 목적으로 시작되었다.

총서가 가야 할 길은 멀다. 완급과 부침이 없지 않겠으나 우리는 장경을 새기는 정성과 인내로써 점철할 것이다. 순정한 지향과 의지가 끌이요 마치다. 영원을 향해 걷는 걸음의 시작 앞에서 비나니, 끝끝내 진리의 대양에 이르러 현학들과 조우하기를 빈다.

2020년 2월
한국체육대학교 학술교양총서 편집동인을 대표하여
제7대 총장 안용규 씀.

머리말

인간의 삶에 의미를 부여하는 많은 종교와 철학체계들이 있습니다.

많은 사람들은 마음과 의식의 영역 내에서 '이렇게 하면 이것을 얻을 수 있다'라고 말합니다. 그러나 그것들의 전통적인 신념들의 많은 부분들이 과학의 발달로 인한 경험적 자료들에 의해 모순되는 변화에 직면하고 있습니다.

영적인 해석의 체계가 합리적으로 받아들여질 수 없을 때 우리의 삶은 거친 회의적인 삶을 지니게 될 것입니다. 그러한 생활 속에 깨달음의 지혜를 구하려 실재에 대한 직관이 내재된 요가의 한 실천철학을 접하게 된 것은 시간과 공간의 속박 그 너머의 빛을 향한 삶의 여정을 이끌고 있습니다.

요가의 구루(Guru)들은 이렇게 말합니다.

"이 몸이 나가 아니오, 이 마음이 나가 아니오. 그러면 나는 누구인가? 그는 바로 이름도 형태도 없는 항상 실재하는 '실체'이다."

그 말씀에 머리 숙여 이원성을 가지고 있는 이 제한된 마음의 속성 너머에 있는 근원적 실제(實在)의 존재 '나는 누구인가'를 찾아 거친 바다의 풍랑 속으로 항해하며 노를 저어 갑니다.

그 여정 안에서 힐끗 망원경으로 우주를 바라보며 렌즈 속에 비친 세상을 글로 옮겨 놓으려고 했으나 참으로 많은 부족함을 느낍니다.

마치 목걸이가 내 목에 걸려 있는 줄도 모르고 그 목걸이를 찾으려 허둥대는 심정으로…….

신정호

차례

요가철학

I. 생각의 머리

1. 왜 요가철학인가

인간은 돌이나 나무 혹은 조류나 짐승보다 고차원적인 존재로 만물의 영장이다. 그 이유는 인간이 이성과 의지를 지닐 뿐 아니라 서로 사랑하고 자의식적인 사유를 지니기 때문이다. 그러나 우리가 현존의 삶 속에서 여전히 고통과 모순을 느끼며 번뇌와 갈등을 느끼는 것으로 미루어보아 인간은 궁극적인 차원의 존재는 아닐 것이다. 만일 우리가 세상의 모든 종교와 철학을 다시 신중하게 연구해본다면 그것들은 모두가 '신을 깨닫는 것'과 '구원'을 얻는 것에 대해 많이 이야기하고 있다는 것을 알 수 있을 것이다. 물론, 이 모든 것의 목적은 개인적인 안녕이며, 우리는 그것을 행복이라 부른다. 인류 역사이래 모든 민족과 종교에서는 인간의 안녕과 행복추구를 위한 수단으로 우리의 감각적 대상을 넘어서 존재하는 실재를 찾고자 하였고, 그를 위해 일종의 명상의 형태나 영적 수행방법들을 연구하였다. 인도의 철학서 우파니샤드는 영혼을 토생(土生

식물 등), **습생**(濕生 벌레나 곤충 등), **난생**(卵生 조류 등), **태생**(胎生 인간, 고등동물 등)
으로, 아리스토텔레스는 식물, 동물, 그리고 인간으로 분류하여 영혼을
말하고 있으며, 라이프니찌는 생물을 식물, 동물, 인간으로 분류하였다
(Radhakrishnan, 1923).

이는 각기 다른 분류의 특성에 대한 탐구로 이루어졌으며, 이러한 유
한한 존재의 상대적인 세계에서 실재의 특성에 관한 탐구는 실재성의 많
고 적음에 대한 검토라 할 수 있다. 동일한 실재, 절대적 존재가 모든 생
물들 속에 존재한다면 우리가 구하고자 하는 실재의 본성에 대한 탐구는
죽어있는 물질보다는 살아있는 존재들 속에서, 즉 무감각한 물질보다는
유기적인 생명체 속에서, 유기적인 생명체보다 인간사회에서 실제의 모
습을 보다 잘 드러낼 수 있다.

이를 입증하듯이 고대의 현자들이 사람의 첫 번째 의무를 "자신을 아
는 것"이라 지적했던 것은 적절한 표현이라 할 수 있다. 특히 소크라테스
는 "해야한다면 신을 예배하라. 그러나 그대의 첫째 의무는 자신이 누구
이며 무엇인지를 알아내는 것이다"라고 하였다(Jagat Sing, 1959).

고대로부터 우리의 궁극적인 실재의 본질을 규명하려는 철학적 시도
는 그 대상을 인간, 즉 사유의 주체인 자아에 대한 탐구로부터 시작하였
으며, 철학은 인간의 본성과 밀접한 관계를 지니는 인간의 사색적인 관심
의 중추를 이루는 모든 학문을 의미하였다. 그러나 최근 서양의 사상은 개
인주의적이며 실용주의적 성향을 지니며 과거 수백 년 동안 철학에 내재
되어 있었던 정치, 윤리, 심리, 교육 분야의 학문들을 각각의 독립 영역으

로 분리하기에 이르렀다. 그러므로 현대 철학은 형이상학과 더불어 인식과 존재와 가치에 관한 난해한 논의로부터 인간 본성의 창조적이고 실천적인 측면들과는 멀어진 철저한 분석적·이론적 경향을 나타내는 원인이되었다. 또한 심리학적 측면에서 다양하게 다루어지고 있는 형이상학적체계들은 단지 꿈이 있는 수면상태의 몽면위(夢眠位)와 꿈이 없는 수면상태로의 숙면위(熟眠位)를 배제한 각성상태에서 의식이 깨어있는 각성위(覺醒位)상태를 의식으로 한정시킴으로써 이원론적 또는 다원론적인 개념들을 얻게 되었다(정태혁, 2003). 이에 반해 본질적으로 영적인 철학을 추구해온 동양의 철학, 특히 인도의 철학은 인간의 삶 속에 그 기원을 두고 있다. 특히 인도철학은 철학적 논의를 거쳐 다시 삶 속으로 회귀하며 삶과 종교가 함께 공존하는 실천철학이 되었고, 이것은 내적 진리와 인간행위의 모든 측면에 대한 이치를 탐구하는데 그 가치를 부여하게 되었다.

인도철학의 위대한 저작 바가바드기따(Bhagavadgita)와 우파니샤드(Upanishads) 등은 권위의 속성을 지니지 않고 대중의 믿음과 함께 대중이 형이상학에 접근하는 데에 기여하였다. 이것은 인간의 내적 진리와 행위측면의 이치를 알고자 노력하는 인도인에게 강한 지적 성향을 불러 일으켰으며, 철학의 자유로운 유희를 바탕으로 종교에 영향을 끼치게 되었고, 그것이 사회적 전통으로 자리 잡게 되었다. 그들의 종교적 문제들은정신을 자극하게 되었고, 이론과 실천 그리고 교의와 삶 간의 긴밀한 관련으로 인해 그들의 철학은 삶의 방식이며, 또한 영적 실현을 가능케 하는 길이 되었다.

인도철학의 근본은 인간의 자아성찰에 있다. 만일 관찰의 대상이 외부로 향한다면 덧없는 사상(事象)의 분주함이 마음을 속박할 뿐이라고 본다. 또한 인도철학은 삶의 변화무쌍한 다양성과 세세한 활동들은 분석이 아닌 사색을 통하여 주관 세계에 대한 관심과 종합적인 통찰로써 여러 학문분야들을 포괄하면서 성장하였다. 즉 인도철학은 서양의 심리학과는 달리 정신집중의 가치를 중시하고, 몸과 마음의 긴밀한 관계를 인정하며, 텔레파시나 투시와 같은 심리적 경험들을 기적으로 간주하지도 않았다. 이러한 경험은 정신 이상이나 신으로부터 오는 영감에 기인한 것이 아닌 인간 정신이 나타내 보일 수 있는 능력으로 인정하였다(박희준, 1978). 이러한 풍토는 인도철학이 삶과 우주를 심리학적 관찰로 인한 사실에 기초를 둔 일원적 관념론 입장에서 해석하는 경향을 지니도록 하였다.

서양의 플라톤, 스피노자, 베르그송 등의 사상에서 이러한 경향을 볼 수 있듯이, 인도의 우파니샤드나 샹카라(Sankara) 철학은 우주에는 시종 유기적인 단일통일체와 절대적인 통일체가 있으며, 결코 그것으로부터 분리되지도 않고 스스로 분리될 수도 없는 창조적이고 하나의 보편적인 세력이 있다고 한다. 그것은 하나의 유기적 진리탐구의 방법인 요가의 실행 전체이며, 만일 우리가 이 보편적인 세력을 '신(神)'이라 부른다면 일신론을 가지는 것이며, 동시에 끝없이 다양한 모습으로 스스로를 나타낸다면 우주에서 하나의 본질만을 인정하는 일원론을 가지는 것이다(Radhakrishnan, 1923).

그러나 우리가 본질적인 존재들이 만물에 현현하다는 것을 실제로 느끼지 못한다면 어떻게 이 사실을 인정하고 받아들일 수 있을까? 라는 질문을 던질 수 있을 것이다. 인도철학에서 이러한 의문이나 일원적 사고의 어려움은 '궁극적인 실재'를 볼 수 없는 우리 마음의 무능력 때문일 것이다.

이러한 일원적 사고의 개념을 잡을 수 있도록 도와줄 수 있었던 하나의 예증은 자연과학의 발달을 들 수 있다. 그로 인해 아주 다른 성질들을 보여주는 물질들이 동일한 원자들로 이루어져 있는 것으로 밝혀지게 되었으며, 그 차이는 단지 소립자들의 서로 다른 배열 때문이라는 것으로 입증되고 있다. 이는 적어도 창조물에서 극단적인 양극에서는 순수한 양인 것이 음극에서는 전혀 다른 것처럼 보일 수 있으며, 결국 이러한 차이는 소립자들의 희소화와 잔존하는 서로 다른 배열 때문이라는 것을 암시하고 있다(Julian Johnson, 1939). 이러한 과학의 발달은 우리를 자연의 포괄적인 통일성에 대한 이해로 한 발 더 나아가게 하였으며, 더불어 철학의 이해를 더욱 가속화시킬 것이다. 과학의 발달로 비롯된 경험의 세계를 통해 인간의 삶을 역순으로 돌림으로써 삶을 윤택하게 해줄 것이며, 마침내 전 우주가 진화되어 온 하나의 태초의 본질에 이르러 하나의 보편적인 본질을 찾게 된다면 사람들이 신이라 명명해 온 지고의 본질의 동일성을 탐구할 수 있을 것이다. 즉 그것은 하나의 유기적 전체이며, 그것이 하나라는 것을 입증해주는데 크게 기여할 것이다. 이러한 기저를 지니고 있는 인도철학은 종교적 요소와 합리적 진리를 찾는 구도심과 함께

조화를 이루고 있으며, 바가바드기따의 학파나 종교에서도 자기성화(自
己聖化)의 방법으로 요가를 발전시켜왔다.

요가철학의 정수는 인간의 일상적인 차원 위로 떠올라서 신의식(神意
識)과 직접적으로 대면할 수 있다는 것이다. 이를 위한 요가 수행 체계는
우리의 육체적, 정신적, 영적인 훈련과정을 거치도록 요구하고 있다. 요
가 수행법은 마음의 거울을 닦아 맑게 하고, 개별상을 배제함으로써 마
음을 깨끗이 유지하는 방법을 요구한다. 즉 우리의 마음이 사심 없는 최
고의 상태로 떠올라 심원한 통찰력을 얻게 하는 것이 요가수행의 원리인
것이다.

우리의 일상적인 의식은 본질적인 세계에 등을 돌리고 감각적인 마
음으로부터 만들어낸 인상(認象)들에 의해 무상의 세계에 빠져버린다. 그
러나 우리의 의식이 경험적인 자아를 뛰어 넘을 때 우리는 자아의 부정
이 아니라 본질적인 심화과정을 체험할 수 있다. 자아가 경험적인 일들
에 묶일 때, 그 행위는 완전하게 수행되지 않으며, 경험으로 비롯된 존재
의 제한이 초월될 때 보편적인 삶이 심화되고, 자아를 풍요롭게 향상시
킬 수 있는 것이다.

인간의 가치관이 물질적 과학의 시녀가 되어가는 현실 속에서 이러한
자기 성찰적 요가의 실현은 영혼 수양(soul cultivation)과 정신 수양(mental
cultivation) 그리고 신체 수양(physical cultivation)을 통하여 조화롭고 균형
있는 인간을 양산할 것이다.

따라서 이 책은 인도의 사상과 요가에 대하여 바가바드기따에서 인용

한 타뜨와(tattwa, 요소)와 구나(guna, 속성)의 관계를 탐색함으로써 인간의 심신을 균형있게 발달시킬 수 있는 수양론이 제기될 수 있을 것이라는 전제하에서 시작되었다.

바가바드기따에 의하면 프라크르티(prakriti 우주적 물질)는 프리트비(prith-vi 地), 잘(jal 水), 아그니(agni 火), 바유(vayu 風), 아카쉬(akash 空)로서 이는 세 가지의 구나(guna)를 지닌다. 세 구나는 우세한 경향에 따라 사트바(sattva 밝고 선한 특성), 라자스(rsjas 이동적이고 활동적인 특성), 그리고 타마스(tamas 어둠과 미혹한 특성)이다. 첫째, 사트바는 그 자체의 순수성 때문에 빛으로 충만하며 완벽하나 행복과 앎에 대한 집착으로 도리어 자아를 속박하며 그 행위를 통하여 순수의 절정으로 향하는 성향이다. 둘째, 라자스는 욕망과 집착으로부터 생기며 애욕(passion)을 본성으로 하며 행위에 집착함으로써 자아를 구속하는 성향이다. 셋째, 타마스는 무지에서 비롯되며, 자아를 미망으로 끌어들여 게으름과 타성을 통하여 우리를 구속하고 지혜의 빛을 가리며 광란의 상태로 향하며, 그 행위를 통하여 무지로 이끄는 성향을 말한다. 따라서 요가의 궁극적인 목표는 아트만에 도달하기 위해 자신의 정도를 타마스에서 라자스로, 라자스에서 사트바로 높여감을 추구한다.

요가의 궁극적인 목표중의 하나가 자아의 상승된 구나의 형성에 있듯이, 이 글에서는 산업화와 서구화로 홍수처럼 밀려오는 수많은 지식의 소용돌이 속에서 삶의 조화로움을 잃어가고 있는 오늘날 올바른 자아 형성을 위하여, 인도철학의 요가적 해석을 통하여 우주적 자연현상과 인간의 순환론적 이론을 정립하고자 하였다. 이를 위해 첫째로 요가에서 말하는 신체의 에너지 중추인 차크라와 그에 상응하는 다섯 가지 마음의 층을 일컫는 코샤(kosa)의 신체관, 둘째로 이를 통한 요가에서 제시되는 보다 상승된 구나로의 방법, 셋째로 올바른 심신 수행법을 탐색하여 무분별한 심신수련법의 오류를 지양하고 인간의 건강 및 체육·스포츠 상황에 요가수행론을 적용하고자 하였다.

2. 무엇을 어떻게 철학할 것인가

이 글에서는 인도의 철학적, 종교적 인간학을 위한 종합적 기본체계로 발전해온 요가철학을 통하여, 이 체계 속에 함축되어 있는 인식방법으로서의 자연과 인간의 이해와의 상관관계에 초점을 맞추었다.

이를 위하여 인도철학의 신체의 형이상학적인 이론과 함께 발전되어 온 요가의 심신수행론의 이해하고 체육·스포츠에 적용할 수 있는 요가의 원리들을 탐색하였으며 이를 위하여 다음과 같은 제한점을 두었다.

첫째, 요가를 통한 사람의 신체관 연구는 다양한 범주를 갖고 있지만, 본 연구에서는 인간과 자연을 이해하는데 있어 우파니샤드, 바가바드기따 그리고 상키야 철학을 중심으로 하였다.

둘째, 구나의 상승에 대한 그 가능성을 쿤달리니 탄트라 (kundalini tantra)와 슈랏 샵드(Surat Shabd) 요가의 논리를 적용하였다.

셋째, 요가의 체육·스포츠로의 적용에 파탄잘리 요가수트라의 신체활동 중심의 하타요가로 제한하였다.

이를 위해 문헌중심으로 1차적으로 인도의 주된 요가철학서인 우파니샤드, 바가바드기따 그리고 요가수트라 등을 중심으로 우주론과 신체관 및 상호연관성을 탐색하였으며, 이에 관련된 요가 수행법 또는 인도 및 국내에서 활용되고 있는 심신수련법을 비교하여, 이에 관련된 선행연구 및 서적 등의 2차 문헌을 통해 탐색하였다.

따라서 이 글의 주된 내용은 다음과 같다.

첫째, 요가적 우주론 - 인도철학의 일반적 우주적 생성론 및 물질의 형이상학적인 전개 과정 탐색.

둘째, 요가적 신체론 - 쿤달리니, 코샤의 상호연관성 탐색.

셋째, 요가적 해석을 통한 내면 의식의 탐색.

넷째, 체육·스포츠에의 요가 적용 원리 탐색.

3. 용어해설

- **구나(Guna)**

속성, 특질 - 세 가지 구나는 창조를 진행시키는 태초의 물질인 프라크리티 의 세 가지 속성 또는 특질인 사트바(sattva 조화, 평온), 라자스(rajas 행위, 활동), 타마스(tamas 불활동, 어둠)로 그 근원은 트리쿠티에 있다.

- **구루**(Guru)

  스승, 선생 - 영적인 각성자

- **카르마**(Karma)

  행위- 작용 반작용의 법칙; 우리의 행위에서 생기는 차변과 대변으로,
  우리를 미래생의 세계로 다시 데리고 와 그 과보를 거두게 한다.

- **나다 빈두**(Nada-Bindu)

  씨앗 소리 - 만물이 자라 나오는 근원의 소리

- **누리 사룹**(Nuri Sarup)

  빛의 몸, 아스트랄 형체

- **남**(Nam)

  '이름' - 샤브드, 로고스, 또는 말씀; 신성한 창조력

- **니지마나스**(Nijmanas)

  내면의 마음, 카란 샤리르(원인적인 몸)에 상응

- **다스완 드와르**(Daswan Dwar)

  열 번째 대문 또는 열 번째 문 - 세 번째 영적영역의 이름. 다스완(열 번째)
  은 제자가 보다 높은 수준으로 갈 때 지나는, 머리에 있는 미묘한 입구
  를 가리킨다.

- **둔**(Dhun)

  소리, 멜로디 - 샤브드 또는 말씀, 천상음악

- **라야 요가**(Laya Yoga)

  제자가 자신의 개체성을 구루 또는 샤브드의 개체성에 스며들게 하는 일
  종의 요가

- 라자스(Rajas)

  창조적인 또는 동적인 구나, 또는 자연의 속성

- 라자 요가(Raja Yoga)

  묵상과 일정한 자세들을 통해 마음의 힘을 증가시킴으로써 마음의 흐
  름의 제어를 다루는 수행

- 로브(Lobh)

  탐욕, 치명적인 다섯 열정(캄, 크로드, 로브, 모오, 아항카르)의 하나

- 리쉬(Rish)

  보는 이, 깨달은 이 - 고대 인도의 현자

- 마기(Magi)

  동방의 현자들 - 고대 페르시아의 성직자들

- 마나스(Manas)

  마음, 받아 음미하는 기능 - 심료(心料) 자체.

- 마하 수나(Maha Sunna)

  거대한 허공 - 세 번째 영적 영역 다스완 드와르 상부에 붙여진 이름, 뚫
  을 수 없는 어둠의 영역

- 모오(Moh)

  집착 - 세속적인 집착 또는 얽매임; 치명적인 다섯 열정(캄, 크로드, 로브, 모
  오, 아항카르)의 하나

- 바이라기야 또는 바이라그(Vairagya or Vairag)

  무집착, 특히, 세상과 세속적인 욕망으로부터의 정신적인 무집착 - 고행
  이나 세상에 대한 물리적인 체념과 혼동해서는 안 되는 마음의 상태

- 박티(Bhakti)

  헌신

- 베다(Vedas)

  힌두교인들에게 성스러운 고대 찬송 모음집 - 힌두 경전

- 베단따(Vedanta)

  힌두철학의 여섯 체계 가운데 하나

- 비베카(Viveka)

  식별

- 브라흐마(Brahma)

  창조, 유지, 파괴의 힌두 3신(브라흐마, 비쉬누, 쉬바)에서 창조의 신

- 브라흐만다(Brahmanda)

  브라흠의 계란 - 창조의 세 번째 대 구역

- 브라흠(Brahm)

  두 번째 영적 영역의 통치자 - 지고의 존재로 여겨짐

- 사마디(Samadhi)

  외부세계의 모든 의식이 초월된 집중의 상태

- 사하스라달 칸왈 또는 카말(Sahasradal Kanwal or Kamal)

  천 개 연꽃잎 - 첫 번째 영적 영역의 이름

- 삿트(Sat)

  진실한, 진정한, 영원한

- 삿트 데쉬(Sat Desh)

  진실한 집, 진실한 영역 - 싸치 칸드의 또 다른 이름, 순수하게 영적인 창

조의 대 구역

- **삿트 록**(Sat Lok)

  진실한 영역 - 싸치 칸드의 또 다른 이름

- **삿트 유가**(Sat Yuga)

  진실한 시대, 황금시대, 시간의 4대 주기 가운데 첫 번째

- **삿트 푸루쉬**(Sat Purush)

  진실한 또는 영원한 존재 - 신

- **샥티**(Shakti)

  힘, 능력, 강함 - 가장 높은 형태의 마야(환영)

- **샵드**(Shabd)

  말씀, 소리 - 영적인 소리, 들을 수 있는 생명의 흐름(음류). 영적영역에
  서 소리와 빛으로 현시하는 창조적 힘, 모든 창조의 근원. 성경의 로
  고스, 코란의 칼마(Kalma), 이스메 이 아잠(Isme-i-Azam), 방이 아스마니
  (Bang-i-Asmani) 또는 칼마 이 일라이(Kanma-i-Ilahi); 베다의 나드(Nad); 아
  디 그란트의 남(Nam), 람 남(Ram Nam), 구르바니(Gurbani), 바니, 둔(Dhun);
  중국인들의 도(道), 수피들의 바단(Vadan)과 사우트 이 수르마드(Saut-i-
  Surmad). 조로아스터교에서는 그것을 샤라오샤(Sharaosha)라 하며 다른
  많은 이름으로도 알려져 있다.

- **소아미 또는 스와미**(Soami or Swami)

  주 - 지고의 존재; 주인; 보통 모든 영적 교사들에게 적용되며 특별히 산
  야시들에게 적용되기도 함

- **수랏 샵드 요가**(Surat Shabd Yoga)

  영혼(수랏)을 말씀(샵드)에 동참시켜 그것과 하나 되게 하는 요가 수행

- **수슘나 또는 수쉬마나**(Sushumna or Sushmana)

  미묘한 몸에서의 중추적 흐름; 샤룩(Shah Rug)이라고도 함. 보다 낮은 몸
  에서의 척추를 따라 있는 중추적 통로이며 왼쪽의 흐름을 이다, 오른쪽
  의 것을 핑갈라라고 한다.

- **싸르 샵드**(Sar Shabd)

  샵드의 정수 - 트리쿠티 위의, 물질을 여읜 순수한 샵드

- **싸치 칸드**(Sach Khand)

  진실한 또는 덧없지 않은 영역, 다섯 번째 영적 영역 또는 창조의 네 번
  째 대구역의 이름

- **싼스카라**(Sanskara)

  인간의 기본적인 사고방식과 행위패턴을 이루는 전생, 초기교육, 전통,
  사회적 영향의 인상 또는 경향

- **싼트**(Sant)

  성인 - 다섯 번째 영적 영역 싸치 칸드에 도달한 이, 신을 깨달은 영혼

- **아감 록**(Agam Lok)

  접근할 수 없는 영역 - 일곱 번째 영적 영역의 이름. 아감 푸루샤(Agam
  Purusha)가 아감 록을 주재하는 지고의 존재의 모습이다.

- **아나미 록**(Anami Lok)

  이름없는 영역 - 지고의 존재인 아나미 푸루샤, 라다 소아미에 의해 주
  재되는 여덟 번째 영적 영역

- **아디 그란트**(Adi Granth)

  원래의 경전 - 시크교의 성서. 구루 나낙(Guru Nanak)과 그의 후계자들 그리고 다른 성인들의 가르침을 담고 있다. 주로 구루 나낙 계열의 다섯 번째 구루인 구루 아르잔(Guru Arjan)에 의해 1604년경에 편찬되었다.

- **아사나**(Asana)

  자세 - 몸을 똑바로 하고 마음을 고요히 한 채 취하는 영적 수행 또는 명상적 자세

- **아쉬타달 칸왈**(Ashtadal Kanwal)

  여덟 잎 연꽃 - 제자가 처음 스승의 찬란한 모습을 만나는 티스라 틸(미간) 너머에 있는 중추의 이름

- **아스트랄 영역**(Astral Region)

  물질세계 다음 위에 있는 미묘한 우주 - 첫 번째 영적영역, 사하스라달 칸왈

- **아카쉬**(Akash)

  공(空), 에테르 - 만물의 다섯 구성 요소 가운데 가장 높은 으뜸 본질

- **아칼 푸루샤**(Akal Purusha)

  시간 없는 존재 - 생사의 영역 너머에 있는 존재, 부정적 힘. 칼(Kal)과 반대되는 지고의 긍정적 힘을 가리킴

- **아트마 또는 아트만**(Atma or Atman)

  영혼, 영

- **아트마 파드**(Atma Pad)

  영계, 일반적으로 아스트랄 수준 또는 첫 번째 영역을 가리킴, 더 전문적

으로는, 자아의 깨달음이 오는 세 번째 영역 다스완 드와르를 말한다.

- 아항카르(Ahankar)

  나, I-ness, 에고 - 치명적인 다섯 열정(캄, 크로드, 로브, 모오, 아항카르)의 하나.
  또한 마음의 네 가지 구분 가운데 하나로 그 역할은 자아와 자아의 이익
  을 다른 모든 것으로부터 분리하는 것

- 안다(Anda)

  계란 - 우주의 두 번째 대구역

- 안타쉬카란 또는 안타카란(Antashkaran or Antahkaran)

  정신기관, 마음 - 마음의 네 가지 기능(마나스, 붓디, 치트, 아항카르)의 결합

- 아라크 록(Alakh Lok)

  보이지 않는 영역 - 지고의 존재의 한 형태인 알라크 푸루샤에 의해 주
  재되는 여섯 번째 영적 영역

- 옴(Aum, Om)

  브라흠의 음성상징 - 두 번째 영적 영역의 샵드 또는 들을 수 있는 생명
  의 흐름

- 요가(Yoga)

  결합 - 영적으로, 영혼이 신과 하나 되는 수행체계

- 우파니샤드(Upanishads)

  고대 힌두 경전 모음집

- 조트 또는 지요티(Jot or Jyoti)

  빛, 불꽃 - 첫 번째 영적 영역 사하스라달 칸 왈의 빛을 가리킴

- **지반 묵티**(Jivan Mukti)
  살아있는 동안의 구원, 생애 동안의 영적 해탈

- **차크라**(Chakra)
  바퀴 - 인간의 몸 안에 있는 여섯 가지 에너지 중추로, 그 각각은 연꽃 잎을 연상시키는 부분들을 가진 작은 바퀴처럼 보인다.

- **치따 또는 치트**(Chitta or Chit)
  의식 - 마음의 네 가지 구분 가운데 하나. 아름다움, 모양, 빛깔을 분별하고 기억하는 기능

- **카란 샤리르**(Karan Sharir)
  원인적 몸 - 모든 카르마의 씨앗이 그 안에 있기 때문에 비지 샤리르(bij sharir, 씨앗의 몸)라고도 함. 그러한 모든 행위 또는 카르마는 낮은 몸(성기적, 물질적 몸)들에서 나타난다.

- **칸왈 또는 카말**(Kanwal or Kamal)
  연꽃 - 육체와 내면의 영역들에 있는 에너지 중추에서 발산되는 빛을 묘사하는 이름. 차크라, 사하스라달 칸왈 참조

- **캄**(Kam)
  음욕, 열정, 욕망, 다섯 열정(캄, 크로드, 로브, 모오, 아항카르)의 하나 - 마음의 외향적 경향

- **코우절 리전**(Causal Region)
  아스트랄 세계 위에 있는 미묘한 우주 - 성인들의 길에서의 두 번째 영적 영역인 트리쿠티. 원인적 몸(causal body) 또는 비지 샤리르(bij sharir 씨앗의 몸)가 이 영역에 상응한다.

- 쿤달리니(Kundalini)

  가장 낮은 차크라 위에 있는, 척추의 기초에 있다고 하는 '코일형 에너지' - 깨어나면 사리고 있던 것이 뱀처럼 펴져 척추의 중심통로를 통해 올라온다.

- 크로드(Krodh)

  분노 - 치명적인 다섯 열정(캄, 크로드, 로브, 모오, 아항카르)의 하나

- 타뜨와(Tattwa)

  요소, 정수 - 프리트비(prithvi, 지), 잘(jal, 수), 아그니(agni, 화), 바유(vayu, 풍), 아카쉬(akash, 공)의 5요소는 모든 살아있는 존재 안에 정도에 따라 존재해 있다.

- 타마스(Tamas)

  사멸, 불활동, 어둠의 구나(속성)

- 트리쿠티(Trikuti)

  세 가지 탁월함 - 두 번째 영적 영역의 이름. 브라흠 록이라고도 함

- 트릴로키(Triloki)

  3계 - 물질적, 성기적(星氣的 astral), 원인적(causal) 영역들

- 티스라 틸(Tisra Til)

  제3의 눈 - 미간 뒤에 있는, 미묘한 몸의 한 지점. 인간의 몸에서 마음과 영혼의 자리이며 성인들의 제자들이 집중을 시작해서 올라가는 지점. 누크타 이 사베이다(nuqta-i-saveida 흑점), 다스완(daswan 열 번째 문), 외눈이라고도 한다.

- 푸루샤(Purusha)

  남성적 존재 - 창조적 에너지. 남자 - 지고의 창조력

- 프라나(Prana)

  생명력, 본질 - 생명의 공기

- 프라나얌 또는 프라나 요가(Pranayam or Prana Yoga)

  파탄잘리 요가체계의 일부로, 주로 호흡 제어를 통해 프라나 통제를 목적으로 한다.

- 프라크리티(Prakriti)

  마음과 물질의 본질로, 갖가지 형태의 감정과 행위로 스스로를 투영하며 몸의 여러 부분에 영향을 주기도 한다. 몸의 다섯 타뜨와(요소)의 다섯 가지 주요한 현시를 이룬다.

- 핀다(Pinda)

  물질우주 - 사람의 육체. 창조(핀다, 안다, 브라흐만다, 싸치 칸드)의 첫 대구역의 이름

- 하타요가(Hata Yoga)

  힌두요가 체계의 하나, 육체만을 다룬다.

Ⅱ. 인도철학과 요가

서구화와 산업화의 물결, 날로 심각해 가는 경쟁의 사회문화 속에서 현대인의 삶에 대한 갈등과 모순의 해결방안을 구하고자 하는 것은 우리 모두의 시대적인 사명일 것이다.

현대의 인간은 물질과학과 물질주의에 의하여 풍요로운 지적 정보의 세계 속에서 많은 지배를 받고 있다. 그러나 인간은 자신의 본질을 알고자 하며, 그러한 인간의 본질을 탐구하는 것은 철학의 과제이다. 또한 우리가 누구인지를 알기를 원한다면 그리고 우리의 마음 작용을 탐구할 필요를 느낀다면 우리는 누구에게 묻고 배워야 하는가라는 질문을 던질 것이다. 이를 위하여 인간의 존재와 진정한 삶의 목적과 의미를 찾기 위해 종교와 함께 발달해온 인도의 요가·명상 대한 역사적 배경과 그 유형의 탐색을 통하여 몸과 마음 그리고 영혼이라는 신비주의적 함수관계에 심신 일원론적 관계를 이해하려고 한다.

특히 명상과 요가를 통한 자아성찰(自我省察)로 심신(心身)을 풍요롭게 이루어 가는 인도의 사상과 철학 속에서 신체의 형이상학적 탐색을 통해 그 답을 구하고자 한다. 이를 위해 이 장에서는 인도철학의 자연관과 신체관을 이해하여 삶의 본질을 탐구하고자 한다.

1. 인도철학의 사상적 배경

한 민족의 철학이란 그 민족이 오랫동안 살아가면서 행한 사고와 행동 등의 총괄적인 삶의 표현이라 할 수 있을 것이다. 따라서 인도철학이란 인도라는 특수한 문화 풍토 속에서 생성된 인간의 생사문제와 진리에 대한 인식 문제 등에 대하여 이루어진 철학을 말한다.

인도 사상에서 다루는 인도는, 지역적으로 현재의 인도뿐 아니라 동서로는 벵골 만과 아라비아 해에 둘러싸여 있고, 북쪽으로는 히말라야산맥, 서북쪽은 힌두쿠시 산맥과 술라이만산맥으로 막혀있는 넓은 대륙을 말한다. 이 지역의 기후는 아열대 지역에 위치하여 일년 중 반은 남서 계절풍, 나머지 반은 북동 계절풍의 영향을 받는 몬순지역이다. 이러한 지리적 특성과 풍토를 지닌 고대 인도의 성향은 풍요로운 자연산물로 기질이 온순하고 수동적이며 사색적인 경향을 지닌 매우 특색 있는 풍토가 조성되었다.

이러한 풍토에서 성장한 인도철학은 실재의 본질, 실재와 비 실재 그리고 현상과 본체 사이의 관계에 관심을 가져 왔으며 이런 문제에 대한 사색은 이 현상세계가 유일한 실재라고 주장하는 극단적인 형태의 현실

주의로부터 현상세계에 대해 모든 실재를 부인하는 극단적인 이상주의
에까지 미쳐왔다. 이러한 견해를 토대로 발전되어온 인도철학 전반에 걸
친 주된 특징을 다음과 같이 말할 수 있다.

1) 철학과 종교의 일치

인도에 있어서의 철학이란, 인생이나 세계에 대한 단순한 지식만이
아니라 인간이 가야 할 이상적인 세계를 건설하기 위한 사색이요, 종교
란 이를 실천하는 장이다. 그러므로 인도의 철학은 종교를 요구하고, 종
교는 철학을 요구하는 표리의 관계 속에서 삶과 이론 간의 참다운 동질
성을 이해한다. 이러한 철학과 종교를 조화시키는 인도인의 삶의 방식은
영적인 실현을 가능케 하는 길로 발전되었다.

2) 인식주관에 의한 강조

그리스 철학이 '인생과 세계가 무엇인가' 라는 의문에서부터 시작되
었다면 인도의 철학은 인생과 세계가 이미 있는 그대로, 알고 있는 것 즉
실유(實有)로부터 시작된다. 궁극적 실재의 본질을 규명하기 위한 시도는
사유인 주체와 그 대상을 인간의 자아에 두었으며, 몸과 마음의 긴밀한
관계를 인정하였고 특히 요가학파들은 실천적 경험들을 중심적으로 다
루었다.

3) 일원론적 관념론

여러 종류의 인도철학은 베다 경전을 기저로 하여 발전되어 왔으며 힌두교, 자이나교, 불교, 요가, 라마교 등의 종교들도 삶과 자연을 일원론적 관념론으로 해석하는 베다 사상에 그 뿌리를 두고 있다. 인도 사상을 통하여 일어났던 일원론적 관념론의 주요 형태들은 ⑴ 불이(不二)일원론(advaitism), ⑵ 순수일원론(puremonism), ⑶ 수정일원론(modified monism), ⑷ 암묵적 일원론(implict monism)의 유형으로 나타난다.

4) 진리탐구의 방법인 요가의 실행(實行)

인도철학은 진리의 실천 방법으로 요가·명상의 방법을 사용한다. 이것은 본질적 실재를 감각과 이성에 의해서보다는 직접적이고 직관에 의한 통찰에 의해 경험되는 것이다.

요가에 관한 설명들은 우파니샤드나 바가바드기따의 사상을 바탕으로 정신과 물질의 원리가 근본이 되어 25개의 형이상학적 원리로 우주의 형성 원리를 설명하는 삼키야(samkya 數理) 철학을 기저로, 실천적 요가수행을 통하여 진리에 도달 할 수 있다고 주장하는 요가학파에 의해 발전되었다. 또한 인도의 모든 학파에서는 요가 수행을 그들의 유일한 실천 방법으로 행하고 있다.

이와 같이 인도철학은 현실의 삶속에서 완전한 내적인 자유를 성취하는데 목적을 두고 철학적 사상과 생활이 함께 조화를 이루며 발전되었다.

2. 요가

1) 요가의 정의

요가(yoga)라는 말은 다양한 의미로 사용한다. 일반적으로 '명상하다' 또는 '삼매에 들다'라는 뜻으로 사용하며, 때로는 정신집중을 통하여 '마음을 붙들어 매기' 또는 '훈련하기' 등의 의미로도 사용한다. 요가의 어원은 말을 '마차에 묶다'라는 뜻의 동사 'yuj'(맺다)에서 파생된 명사이다. 여기서 '말을 마차에 묶다'라는 의미는 마음과 육체를 하나로 하여 신과 인간을 합일한다는 의미를 지닌다.

요가의 용어는 석가 이전의 B.C. 600년경에 쓰여진 타이티리아 우파니샤드(Taityria Upanisad)에서 처음 등장한다. 이에 타이티리아 2.4에서는 "sraddha(신념)은 그 머리, ra(정의)는 그 오른팔, satya(진실)은 그 왼팔, 요가(Yoga)는 그 동체(胴體), mahat(위대)는 그의 자리이다"라고 말한다.

여기서 요가는 다른 구체적인 설명이 없이 특정한 행법의 명칭과 함께 사용되었지만 요가의 뜻을 정의할 수 있는 말들은 직접적으로 찾아볼 수는 없다.

요가는 외부에서가 아니고 내부에서 깨달음을 통해 진아(atman)를 알려는 실행법이다. 요가에서 진아를 상징하는 대표적인 말이 옴(OM)이며, 요가는 옴의 경지를 추구한다. 따라서 요가란 말이 B.C. 600년경의 타이티리아 우파니샤드에서 처음 사용한 말이지만 그 사상과 행법은 이미 기원전 1,500년경 리그베다(Rig-Veda)의 내용 중에 옴(OM) 찬송에서 찾게 된다. 중기(中期) 우파니샤드인 카타(katha) 우파니샤드 1.3.3~2.3.11에서는 비교적 정확하게 다음과 같이 요가의 정의를 말하고 있다.

"아트만을 수레의 주인으로 알고, 육체를 수레로 알아라. 지혜를 마부로 알고, 그 마음을 고삐로 알라. 감각기관들을 말이라 하고, 모든 감각기관의 대상들을 말이 달리는 길이라 한다면, 참나는 이렇게 육신과 감각과 마음이 한곳에 모인 아트만은 마차에 앉아 있는 주인이다. - 마음과 다섯 감각들이 아트만에 고정되면 감각기관들을 조정하던 '지혜'도 전혀 움직이지 않으니 이 상태를 최고의 경지라고 한다. 이처럼 감각기관들을 미동하지 않을 수 있는 단계에 이르게 하는 것을 요가라고 한다."

이 비유를 통하여 요가라는 단어가 말을 수레에 매어 통제한다는 의미에서 온 것임을 알 수 있다. 카타 우파니샤드 이후에 쓰여진 마이트리(Maitri) 우파니샤드 6.25에서는 요가를 다음과 같이 표현한다.

"숨과 마음과의 통일 그리고 다양한 세상과의 결합이므로 이것을 '요가'라고 한다. 숨과 마음의 하나 됨, 감각들의 하나 됨, 그 어떤 상태의 존재도 모두 사라지는 이 과정을 '요가'라고 부른다."

또한 마이티아 우파니샤드에서는 요가의 행법이 여섯 갈래 - 호흡법, 감각억제, 선정, 집중, 사색, 삼매 - 로 더욱 구체화되어 요가에 관하여 카트 우파니샤드보다 더욱 조직된 체계로 표현되었다는 것을 알 수 있다.

바가바드기따에서는 요가를 다음과 같이 말한다.

"행위를 하되 신과의 합일 속에 머물며, 집착을 버리고, 성공과 실패에 한결 같이 평정하라. 이 평정을 요가라 한다"(2.48).

"경전들에 의해 당혹스러워진 마음이 움직이지 않고 묵상으로 고정될 때 그대는 요가를 달성할 것이다"(2.53).

이와 같이 바가다드기따에서는 요가를 모든 사물에 대하여 집착이 없고 훈련을 통하여 감각에서 자유로워 평정에 이르는 것이 진정한 요기의 길이라고 말한다.

파탄잘리의 요가수트라에서 요가는 인간의 신체적·정신적인 요소들의 제어를 통하여 무지에서 참된 지식에 도달하는 실천수행을 주장한다. 이에 대하여 요가 수트라에서 '요가는 마음의 작용을 정지시킴'이라고 정의하면서, "그때 진아는 그 자신 속에 머문다. 그렇지 않을 때 진아(眞我)는 (마음의) 작용과 같은 형태를 취한다"고 하였다.

이와 같이 역사적 흐름에 따라 발전되어온 요가의 정의들을 살펴보면, 요가는 수행자들에게 마음작용의 통제와 훈련을 통하여 본질의 통찰력으로 절대 자아를 깨달아 현상계로부터의 자유를 표현하는 방법들을 제시하고 있다는 것을 알 수 있다.

2) 요가의 역사

요가는 한시대의 독창적인 사상이 아닌 인도의 지리적 민족적 상황에서 발생된 문화와 사상들과의 교류 속에서 정신생활의 기본이 되는 것으로 인류 문화 창조의 원동력으로 인간의 역사와 함께 하여왔다. 따라서 오늘에 이르기까지 지식으로서의 배움이 아닌 지혜의 깨달음과 해탈을 위한 철학으로 개발하고 발전시켜온 요가의 역사는 인도 역사의 고찰에서 그 기원을 찾을 수 있다.

인도대륙에는 기원전 20만년전 이전에 이미 인류가 거주했던 유적 등이 발굴되고 있다. 그 중 인도 역사에 최초로 주목되는 민족은 기원전 3,000~2,500년경 인도의 북서쪽 인더스 강 유역에서 발생된 인더스 문명을 일으킨 민족이다. 이 문명은 인더스 강 유역의 하라파(Harappa)와 모헨조다로(Moheanjo Daro), 쌍후-다로(Chanhu- Daro)를 중심으로 발굴된 유적과 유물에 의해 높은 청동기문화를 이루고, 종교와 관계된 다채로운 문화가 후세 인도인의 민간신앙에 영향을 미친 것으로 이해된다. 특히 모헨조다로에서 출토된 인장(印章)에서 요가식 좌법을 하고 있는 신상(神像)이 발견되었다. 이 신상을 힌두교의 신(神)인 시바(Siva)모습의 좌상(坐像)으로 추정하고 요가의 기원을 여기에서 찾으려고 하기도 한다. 그러나 발굴된 신상이 시바의 신상이 아니라는 주장과 신상의 좌법만을 가지고 요가가 있었다고 단정지을 수 없어 문제가 되고 있다(정태혁, 2003).

당시 인더스 문화의 주된 원주민인 드라비다(Dravida)족은 약 1,000년간 훌륭한 문명사회를 이루고 있었으나, 기원전 2,000~1,500년경에 중앙 아시아와 남 러시아 초원지대에서 유목생활을 하던 백색 인종 아리안(Aryan)족이 침입해 옴으로써 남 인도쪽으로 이주하게 되었다. 인더스 강변에 침입해 온 아리안족은 원주민들의 문화를 흡수하여 새로운 문화를 만들었으며, 찬란했던 인도문명의 시조로 인도의 모든 뿌리를 형성하게 되었다.

아리안족은 내세의 행복보다는 현세의 편리한 생활과 행복을 위해 자연을 숭배하였다. 태양, 번개, 물, 불, 바람, 공간 등의 자연현상과 그 힘을 숭상하는 뜻에서 자연력을 의인화하여 여러 종류의 신을 만들고, 자신들의 소망을 이룰 수 있도록 자연의 진리 즉 신을 찬미하는 노래를 지었으며, 기도와 찬송으로 제(祭)를 지냈다. 이러한 제식만능주의의 종교의식이 발달하며 이에 대한 노래와 의식에 대한 것을 모은 책이 베다(Veda) 문헌이다. 확실하게 밝혀진 요가의 기원을 이 베다 문헌에 나타나 있는 소마(soma)의식으로 보는 것이 일반적인 학설이다. 소마의식은 일종의 환각제인 소마라는 버섯 즙을 신에게 올리고 제관 자신이 마시며 주문을 외거나 명상을 통한 제례의식으로 단식, 묵언, 철야 등이 포함한 고행적인 정화의식이다. 그래서 그 시대의 고행자들은 묵언을 중요한 실천 덕목으로 삼는 무늬(muni 묵언하는 자)들을 요가 수행자의 원형으로 본다"(이태영, 2003).

인도 최고의 문헌인 베다(Veda)는 '안다'라는 의미의 'vid'에서 유래한 것으로, 네 종류로 구분한다. 이는 기도문으로 기록된 리그 베다(Rig Veda)와 곡조에 맞춰 부를 수 있게 엮은 삼마 베다(Sama Veda), 제사를 행할 때 사용한 야줄 베다(Yajur Veda) 축문집 그리고 가장 후기의 것으로 아타르바 베다(Atharva Veda) 축문집이 있다.

아리안족은 기원전 10세기 경 네팔지역을 거쳐 갠지스강 유역으로 이동하여 정착하면서 카스트(Cast)제도인 4성 계급제도를 만들었다. 이때 그 지역 원주민이었던 드라비다족은 가장 낮은 수드라(Sudra 노예층)가 되었으며, 바이샤(Vaisya 서민층)는 농업, 공업, 상업에 종사했고 크샤트리아

(Kshattay 왕족, 사족(士族) 계층) 위에는 가장 높은 브라흐만(Brahman 승려계층) 계급이 되었다.

아리안족은 브라흐만 계층으로 지식개발에 정진하여 수학, 논리학, 심경학, 천문학, 점술학 등을 발전시켰으나 자연숭배의 종교인 브라흐만교는 형식주의적 제사의식에 치우쳤다. 그러나 크샤트리아 계층을 중심으로 하여 제식주의를 수정하는 실천철학의 움직임이 기원전 1,000년경부터 일어났고 생활철학으로 바꾸는 실천적 방식으로서 요가심신 수련법이 우파니샤드에 반영되고 있다.

우파니샤드는 베다 전통의 마지막 부분이라는 뜻에서 일명 베단타(Ve-danta)라고 하며, 그 뜻은 비밀 가르침, 비밀학지(秘密學知), 숨겨진 뜻, 오의서(奧義書)이다. 어원적 의미로 '제자가 스승 바로 아래 가까이 앉아 전수받는 지식'이라 뜻을 지닌 우파니샤드는 B.C. 1,000년경부터 A.D. 16년까지 쓰여진 수백 권의 책으로서 현존해 있는 것이 200종류 정도가 된다.

요가는 고대 우파니샤드 철학서를 중심으로 그 방법이 점진적으로 발전하게 되면서, B.C. 200년경에 쓰여진 바가바드기따(Bhagavadgita)에서는 요가의 종류가 구분되고 실천방법이 구체화되었다.

B.C. 5세기경 종교개혁으로 제식주의보다는 실천적인 고행을 권장하는 자이나교(Jainism)가 태동하면서 요가는 더욱 발전하게 됐다. 한편 당시 크샤트리아 계층이었던 석가의 불교사상(Buddhism)이 등장하여 카스트 제도를 배격하고 평등을 주장하였으므로 낮은 계급층에서 크게 호응했다.

그리고 A.D. 4세기경에 쓰여 진 파탄자리·요가수트라(Patanjala yoga sutra)에서 요가 수련 과정이 8단계로 구분되어 요가 방식이 체계화되었다.

이렇게 인도철학의 역사는 종교적 요소와 합리적 진리를 찾는 구도심과 함께 조화를 이루며 모든 학파나 종교에서도 요가를 자기성화(自己聖化)의 방법으로 발전하여왔다.

3) 요가의 철학적 의미

아득한 옛날부터 인도의 현자들은 표면적인 자아의 배후에 진아(眞我)인 '아트만(atman)'이 존재한다고 가르쳐왔다. 우리가 살아가면서 매일 의식하고 있는 표면적인 자아, 즉 고통을 피하고 쾌락을 찾으며 순간 변화하고 시간과 공간에 종속되어 있는 자아의 배후에는 영구불멸의 진아가 있다는 것이다. 아트만은 근원적 실재이자 궁극적 원질 그리고 본질 중의 본질로서 아트만의 빛 안에서 만물은 의미를 띠게 된다.

인도의 신비주의자들은 우주의 본성에 대해서도 이와 마찬가지로 분석하여 왔다. 세계는 외형상으로 상반되는 원소들의 기묘한 조합으로 보인다. 그리고 이러한 세계의 모순 상에 직면하게 된 인간은 대립되는 힘들의 균형을 유지시키고 끊임없는 생성의 흐름 뒤에서 항구성을 대표하는 창조주를 찾게 된다. 그러나 점점 더 깊게 통찰해 가면 이 모순들은 표면적인 것일 뿐 실상이 아니라는 것을 깨닫게 된다. 즉, 이들은 본질적으로는 대립되는 것이 아니며, 동일한 힘(force)의 다양한 현현(顯現 manifestations)인 것이다. 그리고 더 엄밀히 말하면 이들은 "현현"도 아니며 단지 깨닫지 못한 마음의 환상일 뿐이다. 변화하는 외양의 배후에 있는 불변하는 실재를 깨닫게 되면 그 깨달음의 빛 안에서 이러한 환상은 사라져 버린다.

이와 같은 진아와 우주의 본성에 대한 통찰이 인도사상의 기반을 이루고 있다. 그러나 좀 더 깊이 살펴보면, 이 둘은 분리되어 있는 것이 아니라 하나임을 알게 된다. 내면의 진아, 아트만의 절대 본질을 깨닫는 것은 브라흐만(Brahman)의 본질을 깨닫는 것이요, 그리고 브라흐만의 본질을 이해하는 것은 진아의 본질을 이해하는 것을 의미한다.

그런데 무상하고 시간에 묶여있는 자아의 배후에 영원불변하고 시간을 초월한 존재인 진아가 있고, 피조물의 급변하는 흐름 뒤에 항구불변의 절대 실재가 있다면, 진아와 절대 실재 이 둘은 틀림없이 서로 관련되어 있을 것이며, 그 실상은 동일한 존재임이 분명하다. 어떻게 절대 실재가 둘이 있을 수 있겠는가? 만물이 브라흐만의 투영일 뿐인데 어떻게 아트만이 브라흐만과 별개이겠는가?

우리가 진아(self)와 절대자(overself)의 본질이 동일한 것이라면 다음과 같은 의문에 부딪치게 된다.

첫째, 우리는 왜 서로서로 그리고 근원적인 생명으로부터 분리되어 있다고 느끼면서 일상의 세계를 이원적 또는 다원적으로 경험하게 되는가?

둘째, 어떻게 하면 우리는 이 불필요한 압박으로부터 벗어나 우리의 본질적 상태인 의식의 대양(ocean of consciousness) 안으로 녹아들어 갈 수 있겠는가? 이러한 실상에 대하여 영적인 근원적 물음을 구하기 위한 방법들이 진화해 오면서 요가라는 카테고리 속에서 다양한 방법들이 제시되었다.

4) 요가의 사상

다음은 오늘날의 다양한 인도 요가 철학사상이 확립하기까지 많은 영향을 미친 주된 학파들의 중심사상을 살펴보려 한다.

요가사상을 분류하는 데 있어 요가의 행법이 체계화되기 시작한 것은 불타(佛陀) 이전 1, 2세기 앞서의 일이다. 그리하여 요가의 발달을 역사적으로 볼 때 당시의 요가를 원시요가라 볼 수 있고, 그 후에 파탄잘리의 요가수트라에서 체계화된 요가를 고전요가 그리고 그 이후의 요가를 후기의 요가가로 분류할 수 있다(정태혁, 2003).

이 글에서는 특히 베다에 이은 우파니샤드의 철학사상, 바가바드기따의 철학사상 그리고 그 이후에 베다의 권위를 인정하는 정통바라문 사상 중 요가철학에 가장 영향을 미친 상키야 철학 사상들에 대하여 이해하고자 한다.

(1) 우파니샤드 사상

산스크리트학자인 아브떼(V.S.Apte)에 의하면 '우파'(upa)는 '가까이', '니'(ni)는 '아래로', '샤드'(sad)는 앉는다'로서 우파니샤드는 '가깝게 아래로 내려앉는다'라는 뜻을 지니고 있다고 해석한다. 이는 깊은 명상 후에

터득한 지혜를 제자들에게 전수한다는 데서 붙여진 이름이다. 또 다른 상카라의 해석에 따르면 '우파'는 '가까이', '니'는 '아래로' 혹은 '완전히', '샤드'는 깨다, 부수다 , 추구하다의 뜻으로 해석하여 '제자가 스승 아래 가까이 앉아 전수받는 지식'의 의미를 말하고 있다. 우파니샤드의 저작 시기는 명확하지 않지만 불교 이전부터 16세기까지로 추정하며 총 200여 편 이상의 작품이 있다. 그 중 붓다 이전에 베다에서 전승된 것을 '베다 전통 우파니샤드'로 분류한다. 그 이후의 우파니샤드는 요가나 싹티즘 등 특정종파나 특정철학 사상을 강하게 담고 있다. 베다의 순수한 사상을 담고 있는 우파니샤드는 학자마다 다른 견해를 가지고 있지만 약 18개 정도 만이 그 가치를 인정받고 있다. 8세기 불이이원론의 철학자 쌍까라가 베다 전통의 우파니샤드에 주석을 단 우파니샤드는 11개이다. 이 들의 이름은 이샤, 께나, 까타, 쁘라샤나, 문다까,만두끼야, 따이띠리아, 아이따레야야, 찬도기야, 브리하다란야까 그리고 슈베따슈바따라 유파니샤드이다. 여기에 브라흐만 경(Brahman Stura)의 주석을 단 까우쉬다끼, 자발라, 수발라, 빠잉갈라, 까이왈리야 우파니샤드와, 라다크리슈난의 와즈라수찌, 마이뜨리 우파니샤드를 포함하여 18개이다.

우파니샤드의 가장 중요한 철학적 개념은 존재하는 모든 것이 하나임을 가르치는 범아일여(梵我一如) 사상에 기초한다는 것이다. 이는 종래의 최고신에 대한 추구보다는 비인격적, 추상적, 일원적 원리로 인간의 문제를 추구하고 있다는 것이다.

이에 대하여 우파니샤드는 우주를 설명하는 두 가지 원리로 아트만과 브라흐만을 내세우고 있다. 그러나 만물에 내재하는 힘인 아트만은 그 실체를 파악함으로써 자아의 본체인 아트만과 최고 실재인 브라흐만이 동일하다는 것을 알 수 있다고 한다. 이는 아트만과 브라흐만 모두가 우주의 통일적 원리로서 그 본질은 동일하다는 것을 의미한다. 즉 아트만과 브라흐만은 서로 다른 실재가 아니라, 변화하는 현상계의 기저에 놓인 변화하지 않는 실재의 두 가지 측면이라 할 수 있다. 이에 대하여 우파니샤드의 대표적인 표현으로 "Tat twam asi, 그대는 저것이다", "Aham Brahmasimi, 나는 브라흐만이다." 그리고 "Ayam Atma Brahma 아트만이 곧 브라흐만이다"라고 범아일여사상을 말하고 있다. 이 개념은 '내가 바로 그이다'와 같은 개념으로 '이 개체는 저 개체와 같다'라는 차별성이 없음을 의미하며, 다른 의미로서 '각각의 개체는 모두 절대적인 존재'라고 할 수 있다(Julian Johnson, 1939).

또한 이 사상을 우주적 현상과 인간의 기능을 상호 연관을 지어 표현한다면 자신의 실체가 곧 우주의 실체라고 말할 수 있을 것이다. 우파니샤드가 말하는 브라흐만과 아트만에 대한 각각의 특성을 살펴보면 다음과 같다.

브라흐만은 우주의 제일 원리로, 끊임없이 변화하는 세계의 배후에서 존재하는 불멸의 실재를 말한다. 이에 대하여 따이띠리야 1.1에서는 "그대 이름을 라트(rat 진리)라 부르노라. 그대 이름을 사티야(satya 참)라 부르노라"고 하고 있다.

그리고 주체적인 인간의 원리와 소우주의 본체로 불려지는 아트만은 만물의 생명원리 또는 생명활동의 중심적인 힘, 즉 영혼을 가리키는 의미로 사용된다. 찬도기야에서는 물속에 녹아있는 소금의 비유를 들어 다음과 같이 아트만을 설명하고 있다.

아버지는 아들 슈베따케뚜에게 말했다. "아들아 이 소금을 물에 담그고 내일 아침에 나에게 가지고 오너라." 아침이 되자 아들에게 "네가 어젯밤에 담가두었던 소금을 꺼내라." 아들은 아무리 찾아보아도 소금을 찾을 수 없었다. "총명한 아들아, 소금을 볼 수 없을 것이다. 그러나 소금은 그 안에 있다. 이제 맨 위 표면에 있는 물의 맛을 보거라. 맛이 어떠냐." "짭니다." "그럼 물 속 중간쯤에 있는 물의 맛을 보아라." "짭니다." "자 그럼 이제 맨 밑바닥에 있는 물의 맛을 보아라." "짭니다." 아버지가 말했다. "네가 그 존재를 볼 수 없었지만 그 존재는 여기 있는 것이다. 그 미세한 존재, 그것을 세상 모든 것들은 아트만으로 삼고 있다. 그 존재가 곧 진리이다. 그 존재가 아트만이다. 그것이 바로 너다"(6.13.1~2).

우파니샤드는 이 세상은 실재가 아니라 신의 환영력(幻影力)에 의해 만들어진 것이기 때문에 언젠가는 사라지는 대상이라고 말한다. 그러나 이 세상은 아트만이 업을 지고 살아야 하는 활동 무대이기에, 이 세상을 바로 인식하고 자신의 의무를 다하여 일체 자유로운 브라흐만의 자리에 가도록 하는 것이 삶의 목적이라고 할 수 있다. 따라서 인간으로 하여금 진실을 보지 못하게 하는 환영력을 제거하기 위해서는 지혜를 갖추어 모든 것이 하나라는 진리를 깨달아야 한다는 것이 우파니샤드의 근본 가르침인 것이다.

(2) 바가바드기따(Bhagavadagita) 사상

인도에서 대서사시라면 마하바라타(Mahabharata)와 라마야나(Ramaya-na)라는 2대 서사시를 말한다. 그중 가장 의미 있고 흥미로운 것 가운데 하나가 '천상의 노래'를 뜻하는 바가바드기따(Bhagavadgita)이다. 이는 마하바라타라고 하는 불멸의 고전의 한 부분으로, 주(主) 크리쉬나(Lord Krishna)가 전쟁터에서 자신의 가장 총애하는 제자이며 친구인 아르주나(Arjuna)에게 준 가르침이다. 마하바라타는 18편 약 10만 구절로 되어 있으며 제 6편을 비슈마 파르반이라 불려지는데, 그 중 총 700여개의 시구로 되어 있는 25장부터 48장까지의 18장이 바가바드기따를 구성한다.

바가바드기따는 제 2의 우파니샤드로 말해지고 있으며 오늘날까지 인도인이 가장 애창하는 시편으로 이를 경전으로 대하고 있다. 또한 우파니샤드와 함께 인도 대중의 믿음과 동떨어진 어떤 것이 아닌 민족 전체의 위대한 경전으로 위대한 사상을 실어 나르는 수레의 역할을 하고 있다. 특히 이 둘의 공통점은 대중에게 형이상학적 어려움을 극복하기 위하여 진리를 신화와 설화 속에 담아 놓았다는 데 있다.

서사시들로부터 베다의 자연 숭배와 종교적 개념들이 합류해 역사의 흐름과 함께 발전해온 일련의 흐름에서 우파니샤드가 베다찬가들에 대하여 재해석을 하였다면, 바가바드기따는 우파니샤드의 가르침을 요약하였다고 할 수 있다.

또한 베다를 이은 바가바드기따와 우파니샤드는 궁극자를 '그' 또는 '그것'으로도 부르며 일신교와 일원론간의 자유로운 왕래로 종교와 철학을 함께 공유하고 있다. 이에 대하여 라다크리슈난은 다음과 같이 그 이유를 설명한다. "만일 신이 완전하다면 종교가 불가능하며, 만일 신이 불완전하다면, 종교는 무력한 것이 되고 말 것이다. 참된 종교는 절대자를 요한다. 그러므로 대중적인 종교와 철학 양자 모두의 요구를 충족하기 위하여, 절대정신은 무차별적으로 '그' 또는 '그것'으로 불린다"(이거룡, 1999).

우파니샤드와 바가바드기따는 불이원론의 형이상학을 정립한 상카라철학의 사상에 근접하고 있는 공통점을 지닌다. 또한 바가바드기따와 후기 우파니샤드는, 과거 종교의 허례허식을 비판하고 개혁하려던 불교나 자이나교와는 달리 지난 시대의 유산들을 흡수하고, 보수적인 입장에서 비논리적인 요소들을 수용하여 지양시켰다.

바가바드기따의 철학체계는 유신론을 배경으로 한다. 크리슈나는 아트만으로서 불생불멸의 존재이며 자기가 프라크리티로서 스스로를 나타낸다. 이에 관하여 "나는 불생불멸하고 만물의 지배자이지만 그러나 나는 나 자신의 물질적 에너지로 이 세상에 출현하고 있다"(4.6) 라고 말한다. 이러한 체계는 아트만을 최고의 신으로 하는 우파니샤드와 같은 원리를 갖는다. 그러나 바가바드기따에서 신(神)은 정신과 물질의 근원으로, 우주의 근원이며 지배자이고 불변하며 초월적 존재이지만, 스스로 몸을 나누어 두 속성을 지닌다. 하나의 속성은 지(地), 수(水), 화(火), 풍(風), 공(空), 의(意), 각(覺), 아만(我慢)등이 8분에 우주와 개인을 만든다. 다른 하나는 모든 것을 대표하는 최고의 신(神)인 동시에 우주적으로는 우주가 되고 개인적으로는 개아(個我)가 된다. 이에 최고신과 제신(諸神), 최고신과 세계 그리고 최고신과 개인이라는 상대적 관계가 설정된다. 다음의 글은 최고의 존재가 개체의 존재 안에 편재함을 말하여 준다.

"오 바라타여, 모든 사람의 몸 안에 있는 이 거주자는 언제나 죽지 않는다. 그러므로 어떤 창조물 때문에라도 슬퍼해서는 안된다"(2.30).

이렇게 최고신은 몸을 나누어 우주와 유정(有情)을 만들고, 이 우주와 유정이 본래 모습에 이탈하여 잘못되면 이를 구제하기 위하여 제신으로 응시한다.

다음은 바가바드기따가 말하는 순수한 본성의 이탈과정을 단계적 분석으로 표현하고 있다.

"사람이여, 감각의 대상들 그리고 이것들에 대한 집착에 대해 곰곰이 생각해 보라. 집착에서 욕망이 생겨나고, 욕망에서 분노(krodh)가 생긴다. 분노에서 미혹이 나오며, 미혹에서 혼란스러운 기억이 나오고, 혼란스러운 기억에서 이성(buddhi 식별력, 추론능력)이 파괴되며, 이성의 파괴로 그는 멸망한다"(2.62,63).

이에 바가바드기따는 신과 이원적인 대립관계에 놓인 인간이 최고신에게 되돌아가는 방법으로 요가행법을 말하고 있다. 이들은 첫째 지혜의 수련(Jnana yoga)을 통해, 둘째 행위의 수련(Karma yoga)을 통해, 셋째 헌신의 수련(Bhakti yoga)을 통해 그리고 명상 (Dhayana yoga)을 통한 방법을 말한다. 우파니샤드 시대에는 이런 수련법들을 각각 별개의 방법으로 인식하지만 바가바드기따에서는 이들 수행법을 상호 보충적 관계로 설정하고 있다.

바가바드기따에서 역시 요가의 궁극적인 목적은 해탈이며 이를 위해 건너가야 할 길은 물질적 세 구나의 속성을 정복하는 것이라고 말한다. 이를 위한 방법으로 바가바드기따에서 크리슈나는 요가에 대하여 다음과 같이 말한다.

"요기는 은밀한 곳에 혼자 있으면서, 생각과 자아를 정복하고, 욕망과 탐욕을 벗어나, 끊임없이 요가에 몰두해야 한다. 깨끗한 곳에 천, 검은 사슴 가죽, 쿠샤(kusha) 풀을 겹쳐 깔되 너무 높지도 않고 너무 낮지도 않게 해서 자리를 안정되게 만들고 그 위에 굳건히 앉아 마나스(manas 마음)를 한 곳에 모아 생각과 감각 작용을 정복하고, 자신을 정화하기 위해 요가를 수행해야 한다. 몸과 머리와 목을 똑바로 세워 움직임 없이 안정되게 하고, 코끝을 고정해서 보되 보지 않듯 응시한다. 두려움에서 벗어나 깊은 평안 속에서 브라흐마차리야(brahmacharya)의 맹세 속에 굳게 안주하여 마음을 정복하고, 나를 생각하며, 마음을 통일하고 앉아 오직 나만을 갈망하라"(6.10.14). "나를 생각하면서 영원한 음절 옴을 암송하며 몸을 버리고 나아가는 사람은 가장 높은 길로 간다"(8.13).

또한 구나를 벗어나기 위한 요가의 행법들을 다음과 같이 분류하여 말한다.

첫째, 지혜의 요가를 말한다. 다음은 바가바드기따에서 지혜에 관한 인용문들이다.

"지혜란 행위의 모든 여파를 재로 태워버리고 고통의 바다를 건널 수 있는 것"(4.36,37). "지혜를 얻게 되면 머지않아 영적인 평화에 이르게 된다"(4.39). "순수한 이성과 하나가 된 현자들은 행위가 낳는 결과를 버리고 태어남의 구속으로부터 해방되어 지복의 자리로 간다"(2.51). "모든 면에서 집착이 없고, 정당하거나 부당한 일에도 좋아하거나 싫어함이 없으면 그런 사람의 앎(이해)은 매우 안정된 것이다"(2.57). "오 다난자야여, 행위의 요가는 식별(비베카 viveka)의 요가보다 훨씬 낮은 것이다. 순수한 이성(buddhi)을 피난처로 삼아라. 순수한 이성과 합일할지니, 결과를 위해 일하는 자들은 불쌍하다"(2.49).

둘째, 행위의 요가를 말한다.

물질세계에서는 구나의 속성에 머물기 때문에 단 한순간도 행위는 멈출 수 없다. 만일 행위를 멈춘다면 그것은 죽음이요, 행위를 껴안는다면 그것은 속박이다. 바가바드기따는 행위를 통해 행위를 벗어나는 방법을 제시하고 있다. 다음은 행위요가에 대한 바가바드기따의 인용문들이다.

"이 세상에는 두 가지의 길이 있으니 그것은 지식에 의한 요가의 길과 행위에 의한 요가의 길이다"(3.3). "그대의 일은 오직 행위뿐, 결코 그 결과가 아니다. 그러므로 어떤 행위의 결과를 동기로 삼지도 말고 무행위에 집착하지도 말라. 오 다난자야여, 행위를 하되 신과의 합일 속에 머물며, 집착을 버리고, 성공과 실패에 한결같음을 지니라. 평정을 요가라 한다"(2.47,48). "오 아르주나여, 마음으로 감각을 다스리는 사람, 감각기관에 무심하여 행위로 요가를 행하는 사람, 그는 훌륭한 사람이다"(3.7). "여기서 선행과 악행을 버려라. 그러므로 요가를 고수하라. 요가는 행위에 있어서의 기술이다"(2.50).

셋째, 헌신의 요가를 말한다.

바가바드기따에서 신(神)은 선인을 구제하며, 악인을 멸하는 권화를 가지고 있기 때문에 그에게 귀의하여 헌신하면 최고신의 은총과 윤회의 세계에서 벗어나 최고신과 본질을 같이한다고 말한다. 이에 대하여 바가바드기따에 나타난 사상들의 표현은 다음과 같다.

"나는 누구도 더 미워하지 않고 누구도 더 좋아하지 않는다. 나는 모든 존재들에게 똑같이 평등하다. 그러나 나를 숭배하는 이들은 언제나 내 속에 살고 있다. 그리고 나도 언제나 그들 속에 살고 있다"(9.29). "만일 어떤 사람이 아주 많은 큰 죄를 지었더라도 그가 마음을 다하여 나에게로 온다면 그는 더 이상 죄인이 아니다"(9.30). "모든 종교의식을, 모든 경전을 버리고 오직 나만을 따르라. 내 이제 이 모든 고통으로부터 그대를 구해주리라"(18.66).

넷째, 명상(Dhyana)을 말한다.

바가바드기따는 수행의 가치에 대하여 "명상가는 금욕주자보다 한 차원 높고, 철학자보다 한 차원 높으며, 행동주의자보다 한 차원 높다. 그러므로 아르쥬나여 어떤 상황에 처하든 명상가가 되지 않으면 안된다"(6.46)라고 말한다. 왜냐하면 진리의 명상 길에 있는 사람은 "이 생에서도 다음 생에서도 결코 파멸하지 않으며, 경전이 지적하고 있는 모든 제약에서 벗어나며, 모든 정신적인 오염으로부터 정화되어 궁극적인 목표에 이르게 되기 때문이다"(6.40~45)라고 말한다.

다음은 명상의 자세와 방법들에 대하여 언급된 바가바드기따의 인용
문이다.

"수행자는 청결한 곳에서 명상의 자세로 앉아야 한다. 앉을 때는 너무
높지도 않고 너무 낮지도 않게 해야 한다. 그리고 그 위에 마른 쿠사(Kusa 갈
대의 일종)를 깔고 사슴가죽과 천으로 덧씌워야 한다"(6.11). "몸과 머리와 목
을 곧게 세워라. 그리고 시선은 코끝에 모아라"(6.13). "두 눈을 감아서 외적
인 감각의 대상들을 모두 차단시켜라. 두 눈썹 사이 미간에 생각을 집중시
켜라. 마시는 숨과 내뿜는 숨을 같게 하라"(15.27).

다음은 요가의 심리적 상태와 사마디(samadhi)에 관계된 인용문이다.

"오 쿤티의 아들이여, 물질의 접촉은 더위와 추위, 슬픔과 고통을 주나
니, 그것은 오고 가며 그것은 덧없다. 그것을 용감히 견뎌라"(2.14). "그러나
훈련된 자아(self)는 자아(Self 지고의 존재)에 정복되어, 감각이 좋아함과 싫어
함으로부터 자유로워져, 감각대상들 사이를 움직이며 평화로 간다. (그것이
진정한 요기의 길이요 이는 방종의 하향적인 길과 매우 아름답게 대조되고 있다). 그 평화 속
에서는 모든 고통이 끝나니, 그의 가슴은 평화롭고 그 이성은 곧 평정을 이
루기 때문이다"(2.65). "즐거울 때나 괴로울 때나 한결같으며, 스스로를 의
지하고, 흙덩이, 돌멩이나 금덩이를 똑같이 보며, 사랑받고 미움 받음에 한
결같고, 마음이 굳건하며, 비난과 칭찬, 명예와 모욕, 친구에게나 적에게
한결같은 사람을 구나를 건넌 사람이라 한다"(14.24,25). "강물이 바다 속으
로 흘러들어가지만 바다는 움직이지 않듯이 모든 욕망은 평화를 이룬 사

람에게 흘러들어가지만 그의 마음은 움직이지 않는다"(2.70). "경전들에 의해 당혹스러워진 마음이 움직이지 않고 묵상으로 고정될 때(사마디 samadhi) 그대는 요가(지고의 존재와의 합일)를 달성할 것이다"(2.53). "오 프리타의 아들이여, 이것이 영원의 상태이니 이에 이르면 누구도 미혹됨이 없다. 누구라도 죽는 순간에 이에 이르면 그는 영원한 니르바나로 간다"(2.72).

(3) 상키야(Samkhya) 철학

상키야 학파는 기원전 350~250년경 카필라(Kapila)에 의해 창시된 학파로 4세기경 이슈바라크리슈나(Isavarakrsna)가 저술한 상키야 카리카(Samkhya krarika)를 근본성전으로 한다. '상키야'(Samkhya)라는 말은 원래 '수'(數)로부터 파생한 것으로, 영혼의 본질과 물질원리들을 수적인 계산으로서가 아닌 체계적인 논리로 전개한다하여 붙여진 이름이라고도 한다(이거룡, 1999).

상키야 철학이 우주 원리를 설명하는 주된 사상은 푸루샤(purusa 순수정신)와 프라크리티(prakriti 근본물질)간의 이원론을 확립한다. 여기서 프라크리티는 모든 존재의 원질로서, 푸루샤는 프라크리트의 전개를 지켜보는 관조자를 말한다.

이러한 사상에 대한 기원은 초기 우파니샤드 철학까지 소급하여 말한다. 비록, 우파니샤드의 범아일여(梵我一如)사상은 이원론의 상키야 철학 사상과는 대비적이지만 양 학파의 형이상학적 이론은 매우 유사성을 가지고 있다. 특히 다음과 같이 문다까 우파니샤드에서 상키야의 중심이

되는 푸루샤의 관조적 사상을 찾아볼 수 있다.

"언제나 함께 있는 정다운 두 마리의 새가 한 그루의 나무에 앉아 있다. 한 마리는 행위로 얻은 열매를 계속 쪼아 먹고 있고 또 다른 한 마리는 열매를 즐기지 않고 그저 보고만 있도다"(3.1.1).

또한 쁘라샤나 우파니샤드(4.8)에서 상키야의 푸루샤는 최상의 아트만을 의미하고 프라크리티는 신에게서 나온다는 관련성을 찾아 볼 수 있다.

또한 상키야 철학에 관련된 주된 요소들, 즉 브라흐만과 푸루샤의 설정, 세계를 구성하는 5원소, 그리고 물질의 속성인 3구나 이론에 대한 언급도 우파니샤드에서 찾아볼 수 있다.

상키야 철학의 특징은 세계를 설명하는데 무신론적인 이원을 근본원리로 하는 25개의 형이상학적 원리를 사용한다는 데 있다.

이를 위해 첫째 물질과 정신을 대립관계 설정하고 - 푸루샤와 프라크리트의 이원성, 둘째 현상세계의 분석을 통한 근본원리를 추론 - 인중유과론(因中有果論), 셋째 모든 현상들의 작용들을 사트바, 라자스, 타마스의 세 성질로 설명 그리고, 넷째 만물의 생성원리를 25개의 형이상학적 이론으로 전개하였다. 이들의 개념을 살펴보면 다음과 같다.

① 푸루샤와 프라크리티

푸루샤에 대한 상키야의 견해는 우파니샤드의 아트만의 개념에 의하여 확립된다. 그것은 창조되거나 창조하지도 않으며, 어떤 속성도 지니지 않으며, 영원한 관조자이며 순수의식이고, 불변적이고, 개아로서 실체이며, 수동적이어 자체로서의 활동은 없다. 따라서 이는 생사, 윤회,

해탈의 변화과정이 없으며 순수주관으로 대상이 될 수 없고, 다만 대상을 현시(顯示)해 준다.

프라크리티는 근본물질로 모든 물질적 존재의 기저에 놓인 극히 미세한 질료로 우주의 질료이며, 근본원인으로 그자체로는 무원인적이고, 독립해 있어 그 어떤 것에도 멸하지 않는다. 또한 이는 만물에 편재해 있지만 극히 미세하여 스스로 자각될 수 없으며 의식도 없다.

푸루샤와 프라크리티의 속성들은 본질상 서로 반대이다. 푸루샤는 의식인데 비하여 프라크리티는 비의식이다. 푸루샤는 비활동적인데 반하여 프라크리티는 활동적이며 끝없이 순환한다. 푸루샤는 항구 불변하지만 프라크리티는 변화무쌍하다. 푸루샤는 주체인데 반하여 프라크리티는 대상이다. 프라크리티는 세 구나로 특정지어지지만 푸루샤는 구나를 지니지 않는다.

② 인중유과론(因中有果論)

상키야 철학체계는 푸루샤와 프라크리트의 이원논의 전개 방식이 인중유과론(因中有果論)의 이론체계를 가지는 것이 커다란 특징 중의 하나이다. 인중유과론이란 결과가 실로 그 원인에 선재한다는 것이다. 원인은 결과를 만들고, 결과는 원인에 매여 있기 때문에, 원인을 결과가 잠재형태로 있는 실체로 정의한다. 따라서 근본 원성(原性)의 존재는 그로부터 생성된 결과이기 때문에 현상계의 생성 원인들을 추론함으로써 알게 된다고 한다(정태혁, 2003).

③ 구나(Guna)

구나의 개념은 '성질'이라는 뜻으로 상키야 철학에서는 이를 사물을 구성하는 본질적인 요소로 사용한다.

상키야는 이 현상계가 프라크리티의 구성요소인 구나에 의한 전개로 이루어지고 세 구나는 프라크이티의 산물들이 지니는 특성에 비추어 상정된다고 한다. 따라서 프라크리티의 첫 산물은 붓디(buddi 覺)도 세 구나를 가지고 있으며, 그 의 원인인 프라크리티 또한 이와 상응하는 구나들을 가지고 있다고 할 수 있다. 이 세 구나는 사트바(sattva), 라자스(rajas), 타마스(tamas)이다.

첫 번째 구나인 사트바는 잠재적인 의식으로 의식적인 현현을 지양하며, 기쁨을 본질로 하는 요소이다. 이는 순수성, 미세함, 가벼움, 밝음, 즐거움을 생성하는 것으로 간주된다. 두 번째 라자스 구나는 모든 행위의 원천으로 활동과 운동의 원리를 대표한다. 세 번째 타마스 구나는 행위를 저지하는 특성을 지니며 무거움, 무관심 등 활동에 저항과 반대 자체를 드러내는 요소로 무지와 나태함으로 이끈다.

세 구나는 서로 분리될 수 없는 복합적인 역동체로서 이루어져 있으며 유기적인 통일체로서 존재한다. 또한 동적관계의 평형상태인 세 구나는 푸루샤의 관조로 하여 라자스의 활동이 일어나고 그 결과 무한히 전개되는 다원의 세계를 성립한다고 한다.

상키야에서는 푸루샤 이외의 모든 존재는 동적인 것으로 간주하기 때문에 프라크리티도 항상 동적인 세 구나로 이루어졌다고 할 수 있다. 그리고 프라크리티의 결과로서 나온 붓디는 제 일차 전개의 결과로 사트바가 우세하며, 그 이후로 전개되는 존재들은 점차로 타마스가 우세하여진다.

④ 25 형이상학적 존재

프라크리티는 세계가 전개되는 근본 실체이다. 프라크리티는 사트바 구나의 우세로 야기되는 전개에서 전체 세계의 원인인 '마하트(mahat 大)'를 낳는다. 이 '마하트'는 우주적인 산물인데 비하여 각 개별자와 관련된 심리적인 측면에서 동의어로 '붓디(buddhi 覺)'라고도 부른다. 이는 지적양태의 기반이며, 심리, 정신, 인식활동의 근원이 되는 기능이다. 붓디는 라자스의 활동에 의해 아함카라(ahamkara 我慢)를 생기게 한다. 아함까라는 '나', '나의 것'이라는 자아 중심적 관념이다.

다시, 아함카라는 구나의 성격에 다라 세 가지 경로를 취한다. 사트바 측면의 현저한 아함카라는 마나스(manas 意)를 낳고, 라자스 측면이 현저한 아함카라는 다섯 지각기관과 다섯 행동기관을 낳고, 타마스측면이 현저한 아함카라는 다섯종의 미세한 요소(tanmatra 唯)를 낳는다(상키야 카리마, 24~25). 이 다섯 종의 미세한 요소들로부터 타마스의 우세로 인하여 다섯 요소가 일어난다.

다음은 마나스와 관계된 설명들이다. 상키야 카리카에 의하면 "마나스는 감각 여건들을 지각 표상으로 종합하는 중요한 기능을 갖는다. 붓디나 아함카라의 경우와 마찬가지로, 마나스의 경우에도 작용기관과 그 기능 사이에 어떤 구분도 없다. 감각기관들이 문이라면, 마나스는 문지기다"라고 표현한다.

상키야 프라바차나 수트라에서는 "마나스는 다양한 감관들과 관련하여 여러 형태를 띤다", "마나스는 운동과 작용을 지니는 도구이므로 편재적이 아니다", "그것은 부분적으로 이루어져 있다, 왜냐하면 그것은 감관들과 연결되어 있기 때문이다"라고 표현한다.

다섯 지각기관은 시각, 청각, 후각, 미각, 촉각의 기능들이다. 다섯 행동 기관은 혀, 손, 발, 배설기관, 생식기관이다.

지각의 대상으로서 세계는 5종 감각기관에 상응하는 5종의 미세한 요소인 탄마트라(tanmatra 唯)를 지닌다. 5유(唯)는 성(聲), 촉(觸), 색(色), 미(味), 향(香) 이다. 미세한 다섯가지 요소인 5유들은 상호 결합으로 지(地), 수(水), 화(火), 풍(風), 공(空)의 5원소를 낳는다. 성(聲)의 탄마트라에서 소리의 속성을 가진 공(空)의 원소, 성(聲), 촉(觸)의 탄마트라의 결합으로 풍(風)의 원소, 성(聲), 촉(觸), 색(色) 결합에 의해 화(火)의 원소, 성(聲), 촉(觸), 색(色), 미(味)의 탄마트라의 결합으로 수(水), 다섯 가지 모두의 결합에 의해 지(地)의 원소가 생긴다. 공(空)의 원소는 침투성을 지니며, 풍(風)의 원소는 충격력 혹은 기계적인 압력, 화(火)의 원소는 열과 빛, 수(水)의 원소는 점착력, 지(地) 원소는 응집력을 지닌다.

이와 같이 프라크리티로부터 조대한 5요소에 이르기까지 24원리가 있으며, 상키야에서는 푸루샤와 함께 25원리로 말한다. 각 단계의 전개물은 후속하는 것보다 미세하며, 그 선행물보다 조대하다.

상키야프라바차나 수트라에 의하면, 프라크리티에서 전개되는 23개의 원리들은 결과물이다. 왜냐하면 이 원리들은 푸루샤나 프라크리티와는 다르며, 제한적인 크기와 부피를 지니며, 프라다나(pradana 根本質料)의 속성을 지니며, 푸루샤의 도구로 사용되기 때문이다(1.120~134).

상키야카리카는 근본실체와 그 비크리티(vikrti 변형)에 대하여 다음과 같이 말한다.

> "프라크리티와 비크리티의 관계는 근본실체와 그 변형물의 관계이다.
> 마하트, 아함카라, 그리고 5종의 탄마트라들은 어떤 것의 결과인 동시에
> 다른 어떤 것들의 원인이기도 하다. 5종의 조대한 요소들과 11기관들은 단
> 지 결과들이며, 다른 무엇의 원인도 아니다. 프라크리티는 단지 원인인데
> 비하여 11종의 산물들은 단지 결과일 뿐이다. 7종의 산물들은 원인인 동시
> 에 결과인 데 비하여, 푸루샤는 원인도 결과도 아니다."

푸루샤와 프라크리티에서 전개된 전개물들은 본질을 달리한다. 푸루
샤는 무활동이고 앎 그 자체이다. 피전개물들은 세 구나로 이루어져 있
고, 물질적이며, 활동성을 갖지만, 의식이 없다. 푸루샤가 단지 그것을 비
춰서 의식시킬 뿐이다. 즉 붓디가 푸루샤와 결합되어 있기 때문에 붓디
가 의식을 갖는 것처럼 보인다. 의지 활동은 세 구나에 의한 것이다. "그
렇다면 이러한 활동은 어떠한 과정을 통하여 인식되는 것인가"라는 의
문에 대하여 상키야 학파는 인식이란 푸루샤와 프라크리티의 결합으로
인하여 일어난다고 말한다.

자아는 감각, 마나스, 붓디의 수단을 통해 인식을 갖게 된다. 감관과
대상 사이의 접촉에 의해서 일어난 감각과 인상을 마나스는 분석하여 붓
디로 넘기게 된다. 이때 사트바적인 성질이 우세하여 푸루샤의 의식을
반영할 수 있는 붓디는 마나스로부터 넘겨진 형태를 의식하고 인식활동
의 자각이 일어나게 된다. 따라서 프라크리티가 인식의 대상을 제공한다

면 푸루샤는 의식의 원리라 할 수 있다.

푸루샤가 프라크리티와 결합하는 것은 관조하기 위함이며, 프라크리티가 푸루샤와 결합하는 것은 해탈을 위해서인 것이다. 프라크리티와 푸루샤가 일단 결합하면, 푸루샤는 물질에 한정되어 순수함을 발휘할 수 없기 때문에 고(苦)를 경험하게 되고 이때 자아의식에 관한 잘못된 관념이 윤회의 원인이 되어 윤회를 하게 된다. 이때 푸루샤는 도덕적 책임이 없고 미세한 신체가 도덕적 책임을 지는 주체가 된다. 따라서, 붓디, 마나스, 다섯 지각 기관. 다섯 행동 기관, 5종의 미세한 요소인 탄마트라는 미세한 신체를 형성하고 사후에도 존속하여 윤회의 주체가 되는 것이다. 그리고 윤회의 생존으로부터 벗어나기 위해서는 푸루샤의 순수의식이 드러나도록 해야 한다. 왜냐하면 푸루샤는 본성상 해탈해 있는 상태이기 때문에 해탈이란 프라크리티의 해탈에 의해서 이루어진다. 이때 비로소 푸루샤는 해탈자가 되어 순수정신을 발휘하게 된다.

5) 요가의 유형

우리가 보아온 다양한 형태의 요가들은 영적 뒤엉킴을 풀어나가기 위하여 다양한 방법으로 진화해 왔다.

요가를 분류하기 시작한 것은 바가바드기따가 처음이다. 이에 대하여 바가바드기따 3.3에서 "이 세상에는 두 가지 길이 있으니, 그것은 지식에 의한 요가의 길과 행위에 의한 요가의 길이다"라고 말한다. 또한 요가수행 방법에 따라 바가바드기따에서는 행위(行爲)의 요가인 카르마요가, 신

(信)의 헌신을 위한 박티요가 그리고 지(知)의 요가인 즈냐나요가로 분류한다.

바가바드기따 이후, 파탄잘리(Patanjali) 요가수트라는 요가의 다양한 실천 기법들을 일관성 있게 하나의 체계로 엮어서 영적 통합을 이루고자 했던 최고의 시도였다.

요가의 종류에는 요가수트라 이후에 나온 신체단련 중심의 하타요가, 베다시대로부터 내려온 만트라요가, 한정된 의식을 푸는 라야요가, 기하학적 도형에 집중하는 얀트라요가, 쿤달리니를 각성하는 쿤달리니요가, 삼매를 중심수행으로 하는 사마디요가, 여성의 생명력 샤크티를 행하는 샤크티요가, 명상중심의 디야나요가, 그리고 지성의 능력을 강조하는 붓디요가 등이 있다(이태영, 2003).

이와 같이 수행 방법에 따라 많은 요가 형태들로 나누지만, 모든 요가의 목적은 브라흐만(Brahman)안으로 합일되는 것으로 모든 수행방법들은 합일의 체험을 얻을 수 있는 사마디(samadhi 삼매)의 상태를 목표로 삼고 있다.

다음은 위에서 언급한 많은 요가 유형들을 신체적 노력으로 수행하는 하타요가(Hata Yoga), 선적(禪的) 공관(空觀)으로 수행하는 라야요가(Laya Yoga), 자기 몸 안에 최고의 존재가 나타나는 것을 관하는 라쟈요가(Raja Yoga) 등으로 분류하여 그 특성들을 살펴보면 다음과 같다.

(1) 하타(Hata)요가

요가는 대체적으로 라쟈요가와 크리야요가로 분류하는데 라쟈요가는 정신적인 면을 크리야요가는 육체적인 면을 중시하여 내면의 세계로 이끈다. 특히 하타요가는 육체적 생리적인 조작을 주로하며 쿤달리니의 원리를 받아들이고 신체적인 훈련과 조식(調息)과 고행등을 행하는 것이 특징으로 크리야요가라고도 부른다. 이 유파의 개조(開祖)는 고라크샤-나타(Goraksa-Natha)로 전해지며 16~17세기 경 스와트마라마(Svatmarama)가 쓴 하타요가 프라디피카(Hata Yoga Pradipika)가 대표작으로 알려져 있다.

브라마난다는 하타요가 프라디피카 해설(Commentary on the Hata Yoga Pradipika)에서 하타요가의 의미를 "Ha는 스와라(swara 해)를 의미하고 Tha는 찬드라(chandra 달)를 의미한다고 하며 수리아와 찬드라의 결합에 의해 하타요가는 이해된다"고 말한다. 또한 "하타는 오른쪽 콧구멍을 통한 호흡인 태양호흡과 왼쪽 콧구멍을 통한 태음호흡이다. 따라서 요가란 단어를 결합으로 이해한다면, 태양호흡과 태음호흡의 결합 즉 수리아와 찬드라의 결합을 통해 중도 상태를 달성하기 위한 수행체계를 목적으로. 자기 자신의 내부 상태를 자각하기 위하여 육체단련과 호흡을 중심으로 하는 요가"라고 하타요가를 정의하고 있다.

하타요가의 특징은 몸의 상태를 조절하고 뼈와 근육과 인대를 활성화시켜주며 여러 아사나(asana 운동) 동작을 취함으로써 오장육부에 좋은 효과를 주며, 혈액순환과 에너지를 순환시켜 몸을 건강하게 만들고 각성시켜 마음을 보다 집중할 수 있는 그릇을 만들어 준다.

아사나는 수백 가지가 있으며, 모든 동작들이 동물이나 자연의 형태를 상징하거나 모방한 것들로 하타요가의 훈련은 신체를 높은 삶으로 이끄는 하나의 도구로 쓰는 요가이다.

(2) 라야(Laya)요가

라야(Laya)는 '마음의 조절'을 의미한다. 따라서 라야요가는 마음을 다스리는 수행법을 말한다. 이는 하타요가를 통한 건강함과 훈련된 마음을 통하여 마음을 다스리는 힘을 의식적으로 제어하기 위한 수행법으로 네 가지로 분리한다.

① 박티(Bhakti) 요가

박티요가는 인격신에 대한 헌신적인 신앙을 중심사상으로 바가바드기따(Bhagavadgita)의 유신적인 흐름에서 형성된 유파이다. 바가바드기따에서는 수행에 세 가지 길을 제시한다. 첫째는 영혼과 육체의 관계를 올바르게 인식하는 지식과 푸루샤의 인식에 바탕을 둔 길, 둘째 생활 속에서 결과를 생각하지 말고 자기의 의무를 수행하는 행위의 길, 셋째 신에 대한 헌신적 절대적 귀의에 바탕을 둔 헌신의 길이다. 세 번째 헌신을 강조하는 박티요가는 진리에 귀의(歸依)하여 인간적인 애착을 벗어나 신(神) 즉 진리에 헌신을 바치는 수행요가로 자기를 잊고 사랑과 봉사로 참된 진아(atman)의 본성에 이른다고 말한다. 자기를 포기하고 보다 높은 차원에 이르기 위해 인간과 자연의 신성한 힘에 자신을 바치는 행위와 믿음이 헌신의 요가이다. 하고 싶지 않더라도 운명적으로 하

게 되는 카르마요가와는 달리 깨달음을 위해 고행을 선택하는 것이 박
티요가이다. 이 박티의 사상은 하층 카스트에 큰 영향을 미치게 되어
힌두교의 중심사상으로 발전하게 된다.

② 얀트라(Yantra)요가와 만트라(Mantra)요가

얀트라요가는 신비스러운 의미가 있는 기하학적인 도형을 관함으로써
수행하는 방법이다. 손짓이나 몸짓으로 기하학적인 성격을 지닌 상징들
을 사용하는 무드라(Mudra)의 수행법도 같은 범주로 분류하기도 한다.

만트라요가는 비밀스런 힘을 지닌 낱말이나 특정한 소리를 반복하여
찬송함으로써 그 소리가 갖고 있는 힘을 몸과 마음속에 얻게 하며 외부
로부터 힘을 발휘하는 요가이다.

이 만트라는 명상의 깊은 상태 안에서 고대로부터 전해 내려오는 특수
한 소리들을 높은 수준에서 성취한 수행자들이 전달하여 주는 방법과,
외부적으로 소리를 내어 하는 방법과 내면으로 생각하며 명상하는 방
법이 있다.

힌두교의 쉬바 상히타(Siva Samhita) 5.9에 의하면, 만트라요가는 그 방법
이 단순하고 쉽다는 이유로 라야요가에서 분류하여 요가를 크게 네 종
류로 분류한다. 첫째는 만트라요가, 둘째 하타요가, 셋째 라야요가 그
리고 넷째 이원론을 배제하는 라자요가이다.

또한 쉬바 상히타(Siva Samhita) 5.30에 의하면 만트라요가의 일종인 나
다(Nada)요가를 가장 훌륭한 라야요가라고 칭한다. 나다요가는 일명 샤
브드(Shabd)요가라고도 불린다. 이때 샤브드는 내면의 소리를 의미한
다. 이 요가에서는 원초상태에서 무속성(無屬性)이었던 절대 실재가 스
스로를 형상화시키면서 두 가지 근원적인 속성인 빛과 소리를 띠게 된

다고 말한다. 명상자가 내면에서 샤브드로 현현한 생명의 흐름을 발견할 수 있다면 그것이 비록 낮은 단계의 흐름일지라도 근원으로 이끌어주는 통로로 이용하여 형상 없는 실제에 융합할 수 있다고 한다. 이때의 빛과 소리는 외부의 빛이나 이 세상의 소리를 뜻하는 것이 아니라 내면의 초월적인 빛과 소리들을 말한다.

(3) 라자(Raja)요가

라자(Raja)는 왕이라는 뜻이다. 라자요가는 파탄질리(Patanjali)의 요가수트라(Yoga Sutra) 사상을 중심으로 하는 요가로서 정신적 중심으로 하는 유파이다. 이 유파는 영원하고 절대적인 자아의 자유는 헌신적 신앙이나 행위보다는 지혜에 의해서만 얻어진다고 본다. 여기서의 지혜란 지식적인 차원이 아닌 깊은 삼매에 의한 직관된 지식을 말한다. 마음의 혼란과 집착의 원인은 외부와의 접촉에 의해 생긴 것이기 때문에, 지혜를 얻기 위하여서는 외부와의 접촉을 끊고 자신의 모든 것을 자성하여 아트만을 깨우치기 위하여 명상을 수행한다.

라자요가는 육체적, 정신적, 영적인 세 가지 방법을 통해 자아완성의 길을 여덟 단계로 구분하여 1단계와 2단계는 카르마요가적 요소, 3단계와 4단계는 하타요가적 요소 그리고 마지막 네 단계는 라자요가의 단계로 구분하기도 한다.

① 카르마(Karma)요가

바가바드기따에 근원을 둔 유파로서 행위를 하는 동안의 태도로 행동 방식을 관리함으로써 참된 자아에 도달하는 요가이다. 카르마란 말과 행동 그리고 생각은 결과를 낳고 그 결과는 다시 다른 것에 대한 원인 으로 작용하는 원인과 결과의 법칙을 일컬으며, 이에 카르마요가는 인 간에게 자기 자신의 의무를 이기심 없는 마음으로 행동하게 하며 그 행 동의 결과를 박애정신으로 바친다.

박티요가의 헌신적 추구가 자신의 내적 신앙적 요소인 반면, 카르마 요 가는 사회적 윤리를 토대로 한 봉사와 행동의 요가로 사회적인 활동을 통하여 자신을 정화시켜 나아가는 요가이다.

② 즈냐나(Jnana)요가

철학적 사색을 주로 하는 요가로, 베탄타 철학을 이론적인 배경으로 하 는 요가이다. 즈냐나(Jnana)란 앎, 깨달음의 뜻으로 즈냐나요가를 통찰 력의 합일을 의미하는 '지혜의 요가'라고 부른다. 무지로부터 벗어나는 것이 진아(atman)에 이르는 길이며, 이를 위해 경전과 과학적, 철학적, 종교적 지식을 연구하여 지식을 통한 참과 거짓의 분별력을 갖고 올바 른 깨달음으로 향하는 요가이다. 즉 존재의 본질에 대한 통찰력과 이로 인하여 얻어지는 인식이 즈냐나요가의 결과로, 이 수행은 내면의 강력 한 의지력과 마음의 힘을 필요로 하며 강한 집중력을 필요로 하는 요가 이다.

지금까지 각 요가의 특성에 대하여 살펴보았다. 이들 각각은 인간의 육체를 다스리고 마음의 제어를 통하여 영혼을 일깨우기 위한 방법들인 것이다. 총괄적인 관점에서 요가는 인간의 안에서 발생되는 물리적, 심리적 그리고 영적인 에너지의 본성을 개발하기 위한 기법이라 할 수 있다. 어떤 요가를 실천하는가에 따라 내재되어 있는 각기 다른 에너지를 각성하여 완성으로 향하는 자아발전이 될 것이다.

Ⅲ. 요가의 형이상학적 신체관

1. 요가철학의 우주관

요가에서 뜻하는 우주라는 말은 천문학자들이 가리키는 별, 태양, 혹성들로 된 몇몇 은하계, 즉 물질 우주의 경계를 훨씬 넘어선 미묘한 세계들을 포함하여 설명하고 있다.

전 우주가 무(無)로부터의 계명 한 마디로 존재하게 되었는지 아니면 그 모두가 창조자로부터의 '투영'으로 존재하게 되었는지에 대해서는 많은 견해들이 존재하고 있다.

베다의 사상가들은 모든 존재들의 근원을 추구함에 있어 물과 공기 등을 궁극적인 요소로 간주하였다. 리그베다 10.190에서 물은 카라(kara 시간), 상와트사라(samvatsara 年), 카마(kama 意慾), 푸루샤(purusa 知性) 그리고 타파스(tapas 熱)를 통하여 세계로 전개된다고 한다.

이에 대하여 아타르바베다 19.53에서는 시(時)가 만유의 근원으로, 시(時)가 하늘과 땅을 낳고, 과거와 미래도 시(時)에서 나왔기에, 시(時)를 일체의 본원인 주로 말한다.

리그베다 10. 72에서는 세계의 근거를 아디티(aditi 無限者)와 동일시되는 아사트(asat 非存在)라고 한다. 존재하는 모든 것은 디티(diti 有限者)이며 아디티는 비존재로서, 아디티로부터 우주적인 의지력이 일어난다고 말한다.

리그베다 10. 129에서는 "현자 등을 깊이 생각하며 마음속에서 구하고 사트(sat 有)의 친록을 아사트(asat 無)에서 발견하였다"고 말한다. 여기서 아사트는 단순한 허무(虛無)의 뜻이 아닌 '묘사할 수 없는 것'이라는 뜻으로 형상을 가진 사트(sat 有)의 상대적인 말을 나타낸다.

브라흐만 문헌에서도 아사트를 처음으로 하여 많은 창조 신화들을 말하고 있다. 특히 사타파야 브라흐마나철학에서는 우주 창조과정에 최초에 물이 있고, 그 안에서 황금의 알이 나타나고, 그것으로부터 최고의 신(神) 프라자파티(Prajapati)가 출연하여 만유를 생성시켰다고 말한다. 이에 대하여 사타파야 브라흐마나 11.1.6에서 다음과 같이 말한다.

"태초에 있어 우주는 진실로 물이었다. 수파(水波)뿐이었다. 물은 원했다. 나는 어떻게 번식할 수 있는가. 물은 노력하였다. 물은 고행하여 열력을 발했다. 물이 고행하여 열력을 발했을 때 황금의 알이 생겼다. 그때 세(歲)는 아직 태어나지 않았다. 일 년 동안 이 황금 알은 부동해 있었다. 일 년 후 그것에서 남자가 태어났으며 프라자파티가 바로 그이다."

찬도기야 우파니샤드 6.2.1-2에서는 "처음에는 사트(sat 有)밖에 없었다. 바로 이 하나 이외는 다른 것이 없었다. 그러나 어떤 사람들은, '처음에 아사트(asat 비존재)만이 있었으며 그 외에는 다른 것이 없었다. 그 비존재에서 존재가 생겨났다"고 한다. 그러나 비존재에서 존재가 어떻게 생겨날 수 있겠는가? 틀림없이 존재하는 사트만이 최초에 있었고, 그 이외에는 다른 아무것도 있지 않았던 것이다.

찬도기야에서 이 사트는 일원적인 원리로부터 화 수, 토의 세 원소에 의해 사트에서 화로, 화에서 수로, 수에서 토로 자연계의 만물이 형성되는 현상세계를 말하고 있다. 따라서 인간의 몸은 토에서 생한 싹과 같고, 이 싹의 근본은 수요, 수의 근본은 화요, 화의 근본은 사트인 것이다. 즉, 토, 수, 화를 통한 궁극적 실제인 사트의 이해방식은 자연철학의 관계 속에서 형이상학적 영역의 실체를 이해하는 방식으로 전개하고 있다.

아이따레야 우파니샤드 1.1-2에 의하면 "이 아트만은 처음에 홀로 있었다. 그 이외의 움직이는 자 아무도 없었다. 아트만은 '세상을 창조해볼까'하고 생각했다. 그래서 그는 여러 세상을 창조했는데, 그 세상들은 물, 빛, 죽음 그리고 바다의 세상이다. 물은 하늘보다 높은 곳에 있는 세상이다. 하늘이 물을 받쳐 들고 있음을 보라. 하늘과 땅 사이의 대공은 빛의 세상이며, 땅은 죽음, 그리고 그 아래 세상은 바다의 세상이다." 이 글은 세상창조에 관하여 잘 알려진 우파니샤드의 구절 중의 하나이다.

찬디기야 6.8.7에서는 "이 세상의 모든 것은 사트를 본질로 하고 있다. 그 존재가 곧 진리이다. 그 존재가 곧 아트만이다. 그것이 바로 너다"의 표현으로 사트는 곧 아트만을 지칭한다는 것을 알 수 있다.

앞장에서도 언급했듯이 상키야철학에서는 우주의 궁극적인 원리로서 정신의 원리인 프루사와 물질의 원리인 근본물질 프라크리티를 상정하여 구나와 함께 우주의 생성원리를 말하고 있다. 프라크리티는 사트바의 우세로 붓디를, 붓디는 라자스의 활동으로 자아의식인 아함카라를, 자아의식은 11개의 행동기관과 사고기관, 그리고 다섯 가지 탄마트라를, 탄마트라는 지(地), 수(水), 화(火), 풍(風), 공(空)의 다섯 요소를 생성한다. 여기에 푸루샤의 작용으로 만물이 생성하는 과정을 설명한다.

베탄타 학파에서는 세계가 전개할 때 순수존재인 브라흐만으로부터 공이, 공으로부터 풍, 풍으로부터 화, 화로부터 수, 수로부터 지가 생성되고, 이 다섯 원소가 현상세계를 만든다. 또한 현상계의 소멸은 다섯 원소가 다시 브라흐만으로 귀의하는 것으로, 이러한 생성과 소멸의 과정은 무한히 반복된다고 말한다.

다음은 이러한 우주 창조에 대한 다양한 형이상학적 원리로 생성된 우주가 지니는 특성에 대하여 논하려 한다.

요가철학에서는 전 우주를 구성하는 어떤 본질의 특징들을 크게 넷으로 분류하여 말한다. 창조의 절차에서 창조의 하부는 본질의 근원으로부터 분리되지는 않지만, 차별화된 다음 세 가지 뚜렷한 부분으로 나누어진다. 이들 가운데 가장 위의 것이 브라흐만다(Brahmanda), 가운데 부분이 안다(Anda), 그리고 가장 아래 것이 물질 우주인 핀다(Pinda)이다(Soami Ji Maharj, 1955). 이 모든 창조의 끝, 즉 하부는 낮은 진동율의 거친 물질로 되어 있지만 상부는 보다 높은 영역으로 나아감에 따라 본질적으로 훨씬 더 미묘해진다. 좀더 자세히 하부 영역부터 살펴보면 다음과 같다.

1) 첫 번째는 '핀다(Pinda)'라고 하는 물질우주이다. 이는 주로 질에 있어 조잡하고 다양한 밀도의 물질로 이루어져 있지만 생명과 운동을 줄 수 있을 만큼 적은 비율의 영적 물질이 섞여 있다. 영은 존재에 있어 유일한 물질이며 영이 없으면 물질은 죽어 생기가 없다. 모든 창조물에서 영이 전혀 없는 것이란 없으며, 그 이유는 영이 없으면 물질 자체는 존재를 멈출 것이기 때문이다. 그러므로 물질은 영과 별도의 것이 아니고, 다만 크게 고갈된 모습의 영으로 여길 수 있는 것이다. 이것은 마음에 대해서도 마찬가지라고 할 수 있다.

만일 물질 우주를 그 일부로 하고 있는 창조의 아래 끝을 모든 창조의 음극이라 한다면, 거기에서 영은 비록 그 존재의 본질적인 요소로 내재되어 있다 할지라도 고도로 팽창되고 비 농축적인 모습이라 할 수 있다.

이 구역은 거친 물질이 지배한다. 이 거친 물질에는 마음을 포함한 많은 미묘한 물질들과 다른 모든 것에 생명을 주는 아주 적은 영이 존재한다.

그리고 그렇게도 작은 비율의 영질 밖에 가지고 있지 않은 이유는 이곳이 모든 창조의 음극이기 때문이다. 그것은 결과적으로 너무도 영이 고갈되어 깊은 그늘을 드리우는 무거운 무력증의 상태에 있게 된다.

이러한 조건 때문에 이 수준에서의 삶은 겹겹의 모든 어려움이 발생한다. 만일 이 가장 낮은 수준을 떠나 창조의 양극을 향해 오른다면 빛이 늘어나며 그리하여 더 많은 생명, 더 많은 아름다움, 더 많은 행복이 있다고 할 수 있다. 이는 모두가 전적으로 각각의 수준들에서의 영의 비율의 증가에 기인한다.

2) 둘째로 물질 우주 바로 위에 있는 대구역은 안다(Anda)이다. 이 말은 '브라흠의 계란'을 뜻하며 그 모양을 가리키고 있다. 공간적으로는 핀다의 바로 위에 있다고 할 수 있다. 그러나 여기에서 실제로 공간적 상·하(上下)의 개념은 아무런 의미를 지니고 있지 않다. 그 이유는 공간적 위상으로서의 자리매김보다는 에테르적인 질로서 나누어져 있기 때문이다.

이 영역은 물질우주와 가장 가까이 있기 때문에 모든 더 높은 영역들로 들어가는 입구이며 모든 초물질적인 지역의 음극부라 할 수 있다.

물질의 농도는 보다 높은 세계로 상승함에 따라 점차 증가하며 더욱 양성되기 때문에 안다의 물질은 진동적인 활동과 밀도에서 핀다보다 더욱 미묘하다. 안다의 중심부를 사하스라달 칸왈(Sahasradal Kanwal)이라 칭하며, 이 모든 것들은 보다 높은 진동율 때문에 육안으로는 볼 수 없는 보통 아스트랄(Astral) 수준으로 이루어져 있다.

그 중심부는 '천 잎의 연꽃'을 뜻하는 사하스라달 칸왈(Sahasradal Kanwal)이라 부른다. 그 이름은 가장 매혹적인 장면을 이루는 거대한 빛의 덩어리에서 나왔으며, 이 거대한 빛 덩어리는 물질우주의 실제적인 에너지의 원으로 물질 우주를 창조하여 지탱하는 힘을 제공하는 역할을 한다.

3) 안다 바로 위에 세 번째 대구역은 브라흐만다(Brahmanda)이다. 이 말은 '브라흠의 계란'을 뜻하며 안다처럼 계란 모양이지만, 범위에 있어 훨씬 광대하고 물질우주보다 더 정제되고 더 빛이 많은 곳이다.

브라흐만은 대부분의 옛 리쉬 또는 요기에게 알려진 최고의 신이며, 지고의 존재이다. 이 영역은 본질에 있어 대부분 정제된 영질(spirit substance)로 되어 있지만 정제된 종류의 물질과도 섞여 있어 영료(spiritual material) 영역이라고도 부른다.

안다가 핀다보다 더 많은 영질을 가지고 있듯이 이 대구역은 안다보다 영에 있어 더 풍부하다. 핀다에서는 물질이 지배적인 것처럼 브라흐만다에서는 영이 지배적이며 안다는 그 둘 사이의 구분 선상에 있다고 하겠다.

브라흐만다의 하부는 거의 순전한 심질(心質 mind substance)로 되어있으며, 그것은 영혼이 물질 영역으로 내려갈 때 물질세계와의 모든 접촉을 위해 요구된다. 브라흐만다의 최하부인 트리쿠티는 모든 개개의 마음이 나오는 영역으로 우주심의 고향이라 할 수 있다. 브라흐만다의 상부는 파르 브라흠(Par Brahm)이라 부른다.

4) 마지막으로 우리는 모든 창조에서 가장 높은 대구역, 순전히 순수한 영으로 이루어진 가장 미묘하고 순수한 곳에 이른다. 이 영역은 단연코 물질의 범주 너머에 있기 때문에, 이 영역에는 마음이 있을 수 없다. 이 영역은 우주령(Universal Spirit)의 영역으로 삿트 데쉬(Sat 진실한, Desh 나라)라 부른다. 그것은 궁극적인 실재의 영역으로 불멸하며, 변할 수 없고, 완전하여 영원히 사멸의 영향을 받지 않는다. 이 영역은 다시 네 수준으로 나누어지는데 첫째는 라다 소아미 담 (Radha Soami Dham 영적 주의 집) 또는 아나미 록(Anami Lok 이름 없는 영역)이라고도 한다. 두 번째 수준은 아감 록(Agam Lok 접근할 수 없는 곳)이며, 세 번째 수준은 알라크 록(Alakh Lok 볼 수 없는 곳)이다. 보다 높은 이 수준들의 마지막을 싸치 칸드(Sach Khand 진실한

집) 또는 삿트 록 (Sat Lok 진실한 곳)이라고도 하며, 이슬람교에서는 같은 의미로 '진실의 집'을 뜻하는 무캄 하크(Mukam Haq)라고 부른다. 이는 모든 것의 근원이며 무한한 존재, 절대자가 존재하는 창조자의 지고의 자리이다(Soami Ji Maharj, 1955).

어떤 영역, 세계, 사람 또는 물건은 횡행하는 영질(靈質)의 정도에 따라 그 완전함이 나타나고, 영의 결핍 정도에 따라 불완전함이 나타난다고 할 수 있다.

2. 요가철학의 신체관

인간의 구성요소는 무엇인가? 우리는 실험실에서 이러한 질문에 대한 답을 결코 얻을 수 없을 것이며, 가설적인 정신원형질에서도 의식의 진정한 기초 또는 기원을 찾지 못할 것이다. 또한 현대 심리학에서도 진정한 인간에 대해서 그렇게 많이 안다고 내세우지도 못하는 것이 현실이다.

그리스어 싸이키(psyche)에서 나온 심리학(psychology)은 '영혼의 과학'을 뜻한다. 그러나 현대 과학자들은 이 영혼의 과학을 거의 배타적으로 마음의 연구로 만들었으며, 실제로 정신생리학적 현상에만 제한되어 왔다. 그러나 모든 만물을 하나의 유기체로, 인간을 하나의 소우주로 인식하며 명상과 요가를 통한 직관으로 이 세상 너머의 신비를 발견하여온 요가철학은 그 가치가 참으로 위대하다 할 수 있다. 다음은 요가철학에서 말하는 사람의 실제적인 구성요소이다.

1) 사람의 여러 요소

보다 낮은 층에서 시작해볼 때 우리는 먼저 사람은 동물이라고 말할 수 있다. 이는 아스툴 샤리르(Asthul Sharir)라고 부르는 물질적인 육체이다. 그 다음, 이 물질적 인간 안에 또 다른 수크샴 샤리르(Suksham Sharir 미묘한 몸), 누리 사룹(Nuri Sarup 빛의 몸)이라 부르는 훨씬 더 미묘한 몸이 있다. 이는 물질육체보다 훨씬 더 가볍고 미묘하여 우주진(宇宙塵)을 닮은 수백만 작은 입자들로 반짝이는 것처럼 보이기 때문에 서양에서는 보통 성기(星氣)적 몸(astral body)이라고 불린다(Julian Johnson,1939). 비록 우리는 의식하지 못한다 해도, 보다 미묘한 이 몸을 통해서 마음과 영혼이 물질육체 그리고 외부 세계와 접촉이 이루어진다. 보다 미묘한 이 몸은 개인의 특성에 맞게 모양을 취하며, 물질육체와 마찬가지로 다섯 가지 감각을 지니며, 물질육체가 죽을 때 저 보다 높은 생명 수준에서의 표현의 도구로 남는다.

성기적인 몸 안에는 카란 샤리르(Karan Sharir)라고 부르는 보다 더 미묘하게 구별되는 몸이 있다. 그것은 원인적인 몸(causal body)을 뜻하며 그렇게 불리는 이유는 그 안에 저 개인의 삶에서 일어날 수 있는 모든 것의 원인 또는 씨앗이 있기 때문이다. 이에 '씨앗의 몸'을 뜻하는 비지 샤리르(Bij Sharir)라고도 불린다. 성기적인 몸이 물질 육체보다 더 미묘한 것처럼 원인적인 몸은 성기적인 몸보다 훨씬 더 미묘하다. 그것은 둘 또는 그 이상의 층으로 나뉠 수 있으며, 그것은 정신적인 몸(mental body)이라고도 한다. 그것은 마음 자체의 일부로 여겨지기도 하며, 일종의 영혼의 덮개로 작용하면서, 영혼으로부터의 인상들에 아주 민감하다. 그 역할은 한편으로는 마음과 영혼 사이의 인상을 전달하며 또한 마음과 성기적인 몸 사이의 인상을 받아 전달한다. 이 몸 안에는 그 존재의 모든 무수한 세월에 걸쳐온 개인의 모든 경험이 남아있으며, 이 모든 경험으로부터 인격이 이루어지고 그 인격으로부터 모든 행위가 흐른다. 카란 샤리르는 마음 자체를 빼고는 사람의 가장 미묘한 행위 도구이며, 이 몸과 마음을 구별하는 것이 쉽지 않은 이유는 이들의 구성요소가 모두 같기 때문이다. 앞에서 말한 것처럼 영혼이 보다 낮은 수준의 생명과 접촉해서 훨씬 더 낮은 몸들을 통해 작용하는 것은 바로 이 몸을 통해서이다.

물질 영역에 있는 한 우리는 마음과 카란 샤리르를 지녀야 한다. 만일 성기적인 수준에 나타나야 한다면 원인적인 몸과 성기적인 몸인 카란 샤리르와 수크샴 샤리르를 가져야 하며, 물질 수준에 나타나야 한다면 위의 세 가지 도구 모두를 가져야 한다.

마지막으로, 개인이 자신의 상승여행 동안 물질 수준으로부터 성기적인 수준으로, 그 다음에 원인적인 수준으로 오른 뒤, 마침내 원인적인 수준을 떠날 때는 세 가지 도구 모두를 버린다. 원인적인 수준 다음 위의 영역에 이를 때 모든 도구가 떨어져나간 자신을 발견하며 순수한 영으로서의 자신을 보고 그때 그는 직각(直覺)으로 모든 것을 알 수 있다. 그 영역은 다스완 드와르(Daswan Dwar)라고 알려져 있다. 어떤 사람이 자신의 마음을 버리고 나서도 여전히 무언가를 알 수 있다는 것을 이해한다는 것은 우리에게는 어려울지도 모른다. 이는 우리가 마음을 앎의 도구로 여기기에 아주 익숙해져왔기 때문이지만, 사실 아는 것은 마음이 아니다. 마음 자체로서는 아는 것에 무기력하고, 다만 물질 수준에서의 지식의 대상에 접촉하기 위해 영혼이 쓰는 훌륭한 도구일 뿐이다. 그러나 영혼은 혼자서 실제적인 앎을 할 수 있다. 이 까닭에 다스완 드와르와 그 위로 오를 때 영혼에게는 마음이나 물질육체가 필요하지 않으며, 다만 직각으로 아는 것이다.

마음 자체는 가끔 작용 수준에 따라 서로 다른 부분으로 나누어지기도 한다. 니지마나(nijmana 안 마음)는 자신 안에 있는 모든 행위의 씨앗을 나르며, 그것은 싼스카라(sanskara 과거생의 인상)를 운반한다. 때때로 우리는 마음이 작용하고 있는 영역 또는 수준에 따라 원인적인 마음, 성기적인 마음, 그리고 물질적인 마음을 이야기하지만 그것은 편의를 위한 구분일 뿐이다.

마지막으로, 우리는 진정한 인간 곧 영혼 또는 영에 이른다. 이것이 바로 우리가 이생에서 사람이라 부르는 존재의 구조에서 존재의 핵이며, 다섯 번째 구성요소이다. 그는 지금 여기서 살아있는 동안 이 다섯 가지 요소를 모두 가지고 있다. 그러나 각각의 도구들은 한 특정한 수준의 생에서만 표현에 적합하기 때문에, 도구일 뿐인 모든 낮은 구성요소들은 위로 나아가면서 하나씩 버린다. 영혼이 진정한 사람을 아트만(atman) 또는 푸루쉬(purush)라고 한다. 개별적인 영혼은 무한의 빛에서 온 하나의 불꽃 또는 존재의 대양에서 온 하나의 물방울로 표현된다. 그것은 곧 본질에 있어 하나요, 특질에 있어 하나이기 때문이다. 모든 의식과 모든 힘이 머무는 것은 바로 영혼이며, 영혼 아래의 모든 것, 심지어 마음 자체도 무의식적으로, 자동적으로, 기계적으로 움직인다. 사실, 존재하는 모든 것은 그 생명과 활동을 전적으로 영에 의존한다. 가장 보잘 것 없는 식물이나 가장 작은 벌레조차도 자신에게 존재를 부여하는 영의 아주 작은 불꽃으로 그 활동을 영위한다. 그렇다면 마지막 먼지 알갱이가 불멸의 빛으로 들어갈 때가 바로 모든 진화의 최고 절정이라 할 수 있을 것이다.

(1) 코샤(Kosa)

요가철학에 따르면 인간은 단일한 하나의 실체로 구성된 것이 아닌 몇 개의 서로 관통하는 다른 에너지 층의 연속으로 이루어져 있다고 말한다.

따이띠리야 우파니샤드(Taittiriya Upanishad) 1.6.1에 의하면 "심장의 빈 공간에, 마음으로 이루어진, 불멸의 존재, 황금빛으로 된 푸루샤 있다. 입 천장 끝에 젖꼭지처럼 매달린 목젖에서 머리카락의 뿌리가 분화되었고, 머리 골격을 뚫고 나아간 정수리가 '최고 아트만'이 들어가는 입구이다" 라고 우리의 몸에 아트만의 자리를 말한다.

또한 육체와 아트만 사이는 서로 다른 다섯 개의 층으로 상호 연결되어 이루어져 있다고 한다. 이들은 다섯을 의미하는 판차코샤(Pancha Kosha)라 부르며 각 코샤의 이름은 존재하는 특별한 형태를 지칭하는 명칭과, 마야(maya ~으로 구성된)의 합성어로 다음과 같이 불린다.

첫째 층, 안나마야 코샤(Annamaya Kosa)는 음식의 의미인 안나(anna)

로 이루어진 물질적인 몸을 말한다. 두 번째 층인 프라나마야 코샤(Pra-namaya Kosa)는 프라나로 이루어져 있으며, 세 번째 층인 마노마야 코샤(Manomaya Kosa)는 마나스(manas 마음)로 이루어져 있다. 네 번째 비즈나나마야 코샤(Vijinanamaya Kosa)는 지성(inner knowledge) 또는 직관(intuition) 으로, 다섯 번째 아난다마야 코샤(Anandamaya Kosha)는 최고의 희열(ananda)로 이루어져 있다.

찬디기야 우파니샤드(3.14.2)에 의하면 "그 브라흐만은 마음(manomaya)으로 만들어진 것이며, 그 몸은 숨으로 되었고, 그의 모습은 빛 의식, 그의 머리 속은 진리로다"라고 한다. 쌍카라는 여기서 말하는 몸을 슈그샴 샤리르(Suksham Sharir 미묘한 몸)라 말한다.

또한 따이띠리야 우파니샤드에서는 그 빛의 존재는 인간의 모습을 취하고 있을 때 세 가지 몸을 지닌다고 하였다. 이들은 특성에 따라 안나마야 코샤와 프라나마야 코샤를 아스툴샤리르(Asthul Sharir 물질의 몸), 마노마야 코샤, 비즈나나마야 코샤를 슈크샴 샤리르(Suksham Sharir 영혼의 몸), 아난다마야 코샤를 카란 샤리르(Karan Sharir 근원의 몸)로 분류한다(김광백, 1983).

그들은 물질의 몸보다 영혼의 몸이 더 우위에 있으며 변화가 없는 것이며 그보다는 근원의 몸이 더욱 우위에 있어 절대 변화하거나 움직이는 일이 없는 그 빛의 존재자체라는 것이다. 그중에 마음으로 만들어진 이 영혼의 몸은 앎(vijnana)과 행함(kriya)이라는 두 가지 힘을 가지고 있다. 그러므로 앎과 행함은 어느 물질적 몸에 국한되는 것이 아니라 영혼의 몸이 가진 특성이다. 영혼의 몸은 그 물질의 몸을 바꾸고 다녀도 이 두 가지 힘은 늘 지니고 있는 것이다.

또한 몸과 마음의 역량은 각 코샤를 이루고 요소들로 이루어져 있으며 모든 코샤들은 복잡하게 연결되어 있으며 연속적으로 서로 다른 코샤에 영향을 주어 육체를 통하여 작동하고 표현의 원동력 역할을 한다.

일반적으로 마음은 의식(conscious), 잠재의식(subconscious), 무의식(unconscious) 그리고 초의식(superconscious)으로 분류하는데 이들은 제각기 다양한 코샤들에 의해서 경험된다. 프라나야 코샤는 의식(conscious)과 잠재의식(subconscious)을 연결하며, 비즈나나마야 코샤는 의식(unconscious)과 초의식(superconscious)을 연결한다(정현숙, 1994).

다음은 각 코샤들이 지니는 특성에 관한 설명이다.

① 아나마야 코샤(Annamaya Kosa)

아나마야 코샤는 '음식으로 만들어진 몸'을 지칭하는 물질의 층으로 지(地 prithvi)의 원소가 지배적이다. 따이뜨리야 우파니샤드 2.2.1.에 의하면 "음식이 곧 브라흐만이라는 것을 알게 되었다. 그것은 음식에서 모든 생물이 생겨나고, 또 그 음식으로 살 수 있으며, 죽은 후에는 다시 음식 안으로 잠기기 때문이다"라고 말한다. 이에 대하여 파라마한사 니란잔안다(Paramahansa Niranjananda)는 아나마야 코샤를 "프라나의 거친 형태인 음식, 물, 공기에 의존에 기인하기 때문에 음식으로 만들어진 몸"이라고 말한다.

물질적인 매체인 몸은 정신이 물질적 세계에서 작동할 수 있게 해주는

정신의 도구로 이 코샤에서는 지식기관으로 눈, 코, 귀, 혀, 피부의 다섯
감각기관과 손, 발, 생식기, 배설기, 성대의 다섯 기구를 갖고 있다. 다
섯 코샤는 서로 간에 긴밀하게 연결되어 있으며, 아나마야 코샤는 프라
나마야 코샤의 통제를 받는다.

② 프라나마야 코샤(Pranamaya Kosa)

아나마야 코샤의 다음 층인 프라나마야에 대하여 따이뜨리야 우파니
샤드 2.3.1에서는 "숨이 곧 브라흐만이라는 것을 알았다. 숨에서 이 생
물체가 태어나고, 숨으로 살고 있으며, 죽음의 순간에 다시 그 속에 잠
기기 때문이다"라고 하였다. 이 프라나마야 코샤는 마음의 첫 번째 층
으로 생기체(pranic body)라고도 불리며, 수(水 apas)가 지배적인 원소이
다. 이 생기체는 아나마야 코샤보다 더욱 미묘하며 아나마야 코샤의 모
든 부분에 생명을 불어 넣어 아나마야 코샤를 지탱하게 한다. 또한 프
라나야 코샤는 보다 현묘한 마노마야, 비즈나나마야 그리고 아난다마
야에 의해 지탱된다. 또한 프라나마야는 아나마야 코샤와 함께 인간의
근본적인 몸을 구성하는 요소로 이 몸을 통하여 자신의 자각을 가능하
게 하므로 '영혼의 도시'로서 불린다. 이 코샤는 첫째는 감지, 둘째는 염
원하거나 혐오하는 것, 셋째는 행위의 세 가지 기능을 갖는다. 즉 다섯
개의 감각기관을 통하여 외부세계의 자극을 감지하고, 그 자극에 대한
염원이나 혐오를 다섯 동작기관을 통하여 구체화한다.
또한 신체의 호흡기관, 순환기관, 소화기관, 배설기관, 신경기관 등의 5
대 생리기관의 활동을 가능하게 하며 신체활동을 조절한다.

③ 마노마야 코샤(Manomaya Kosa)

마노마야에 대하여 따이뜨리야 우파니샤드 2.4.1에서는 "마음이 곧 브라흐만임을 알았다. 마음으로 해서 모든 생물체들이 생겨, 마음으로 하여 살고 죽음이 닥쳤을 때 그 안으로 다시 잠기기 때문이다"라고 프라나먀의 다음 층을 설명한다.

마노마야 코샤는 '깊은 사고층'이라는 의미로 잠재 의식층, 또는 심층으로 표현되기도 하며 화(火 agni)가 지배적인 원소이다. 이 층은 프라나야마층을 지배하며, 비즈나나마야층의 통제를 받으면서 각종 자극에 대한 충동을 일으키는 마음의 껍질이다. 성기적인 몸에게 외부세계의 경험과 감각을 전달하는 역할을 한다. 또한 이 코샤는 외부 자극으로 인한 불안감과 이성에 의한 자기 통제가 서로 융화한다. 즉 위로는 이성이, 아래로는 육체가 교합한다.

④ 비즈나나마야 코샤(Vijinanamaya Kosa)

따이뜨리야 우파니샤드 2.5.1에 의하면 마음의 보다 미묘한 층을 지성의 층으로 말한다. 비즈나나마야는 '특별한 지식의 층'이라는 의미로 초의식층 또는 성기적인 몸(astral body)으로 불리며 풍(風 vayu)이 지배적인 원소이다. 초의식층은 잠재의식층의 논리성과 합리성을 넘어서는 직관과 창조적 통찰의 영역이다. 마노마야 코샤로부터 보고 받은 각종 감각적 자극을 분별하고 판단하여 그 반응을 다시 마노마야 코샤에 보내어 몸으로 하여금 행동하게 한다. 이 코샤가 각성될 때 직관적인 차원에서 삶을 경험하게 되고 이는 지혜로 이끈다.

⑤ 아난다마야 코샤(Anandamaya Kosha)

따이띠리야 우파니샤드 2.6.1에서는 마지막으로 희열의 층을 언급한다. 이 층은 공(空 akasha)이 지배적인 원소이며 초의식의 가장 높은 단계로 무의식, 무감각, 깊은 잠의 상태라고도 부르며, 무지와 타고난 성향이 모두 제거된 상태를 뜻한다. 즉 사람이 각성상태에 있을 때 일어나는 많은 자극과 반응의 상태를 벗어나 깊이 휴식하는 상태를 말한다.

지금까지 언급된 우리 몸에 존재하는 미묘한 차원은, 탄트라 요가나 다른 정신적 수행을 통하여 경험할 수 있다. 아나마야 코샤는 우리가 경험하는 첫 단계이다. 자아에 대한 각성과 관찰은 육체의 경험으로부터 시작한다. 아나마야 코샤는 다섯 개의 거친 원소들로 이루어져 있기 때문에 고체, 액체 또는 기체로 이루어진 모든 음식물들은 다섯 원소 안에 지닌 영속적인 세 가지 구나에 의해 영향을 받는다. 따라서 세 구나를 갖는 다섯 원소로 만들어진 음식에서 지배적인 구나가 무엇이든 그 성질들은 아나마야 코샤에 반영된다. 지의 요소는 뼈를 형성하고, 수는 혈액으로, 화는 열로, 풍은 호흡으로, 공은 보다 미묘한 층을 형성시킨다. 그러므로 호흡 조절과 프라나의 축적을 위하여 정화된 정신적 훈련을 통하여, 아나마야와 프라나야마 코샤에 영향을 줄 수 있고, 마노마야와 프라나야마 코샤는 집중에 의해서 영향을 줄 수 있다. 비즈나나마야 코샤는 타뜨와 얀트라의 트라타카를 행함으로 비즈나나마야 코샤를 각성시킬 수 있다. 이러한 네 코샤의 영향은 아난다마야 코샤의 경험을 유도한다 (Swami Muktibodhananda, 1984).

(2) 마음의 네 가지 안타쉬카란

마음은 '내면의 행위양식'을 뜻하는 안타쉬카란(antashkarans)이라 부르며, 우선적인 속성과 기능, 또는 특질에 따라 다음과 같이 네 부분 - 마나스(manas), 치따(chitta), 붓디(buddhi), 아항카르(ahankar) - 으로 나눈다.

① 마나스는 그 자체로서 마음 자료(mind-stuff)이다. 후각, 미각, 청각, 촉각을 통해 인상을 받아 등록하는 것이 바로 마나스이며, 그 주 기능은 음미하는 것이다. 마나스는 좋아하도록 훈련받은 것을 즐기며 그 반응은 즉각적이고, 어떤 경험을 자동적으로 좋아하거나 거부한다. 그 다음에 자신의 발견을 최종적 판단을 위해 붓디에게 넘긴다.

② 치따는 모양, 아름다움, 빛깔, 리듬, 조화, 균형 등의 인식을 취하고, 즐기며 좋아하지 않는 것은 거부한다. 그것은 인식 도구로서 대부분 눈을 통해 인상을 받아들인다. 그 다음에 자신의 발견을 붓디에게 넘긴다. 이 모든 반응에서 그 절차는 화학 반응처럼 규칙적이고 자동적이다.

③ 붓디는 고유의 지력, 영혼이 생각의 주 도구로 쓰는 힘이며 분별하고 결정한다. 그 다음에 그것은 다른 마나스나 치따에 모든 발견에 대한 판단을 넘기며 그 결정은 아항카르에게 넘어간다.

④ 아항카르는 붓디가 자신에게 넘겨준 명령을 수행하며, 마음의 집행부 역할을 한다. 그것은 개인이 스스로를 다른 모든 것과 차별화

하는 기능이며 개인으로 하여금 자신의 이익과 남들의 이익을 구별할 수 있게 하는 기능을 가진다. 과장되면 허영심 또는 자기중심주의가 되는 기능이다. 이상을 요약하면 다음과 같다.

마나스 - 받아서 음미한다
치따 - 모양과 아름다움을 알아차린다
붓디 - 분별하고 결정한다
아항카르 - 명령을 실행한다

마음에는 네 가지 기본적인 기능 또는 속성들만 있는 것이 아니라 위에 언급한 기능들에 혼란, 비정상 또는 이상이 생기게 될 때 나타나는 다섯 가지 파괴적인 행위 양식도 가지고 있다. 이 다섯 가지 파괴적인 행위 양식은 물질과 감각의 세계, 마야의 하향적인 자극에 기인한 정상적인 기능의 이상이며 우리는 이것을 열정이라 부른다.

이 다섯 가지 파괴적인 열정은 캄(kam), 크로드(krodh), 로브(lobh), 모오(moh), 아항카르(ahankar)이며 그것들은 각각 성적인 열정, 분노, 탐욕, 물질적인 것에 대한 집착 그리고 허영을 뜻한다. 이 다섯 열정은 생각할 수 있는 마음의 다른 모든 악한 풍조를 포함하며, 이 열정들은 마음이 영의 지배로부터 벗어나 거칠게 내닫도록 방치될 때 기세를 부린다. 마음은 영에 의해 활성화되면 생각을 형성하며 각각의 생각은 아스트랄 수준에서 분명한 모습을 취한다.

마음은 네 가지 기능 말고도 또 다른 식으로 나누어질 수 있는데 먼저,

평범한 이 세상에 스스로를 나타내는 마음인 핀디 마음(Pindi mind), 아스트랄 수준에서 작용하는 마음인 수크샴 마음(Sukhsham mind), 그리고 진실한 내면의 마음 또는 원인적 마음인 카란 마음(Karan mind)이다. 이 셋은 사람 몸과, 그리고 그 몸이 작용하는 세계와 상응하며 제각각 그 자신의 영역에서 작용한다.

3. 사람의 소우주 쿤달리니

1) 사람은 소우주

사람은 올바르게 배우고 훈련되면 전 우주와 의식적인 소통을 할 수 있도록 창조자가 만들어 놓았다는 것이다. 언뜻 생각하기에 이는 다만 상상의 나래처럼 보이겠지만, 이것이 바로 우리가 사람을 소우주, 작은 세계라고 이야기하는 이유이다. 사실 사람은 전 우주를 아주 작은 규모로 복사해놓은 것이며 바로 그 이유 때문에 우리는 자신 밖에 있는 전 우주에 의식적으로 이를 수 있는 것이다. 그것은 우리가 밖에 있는 우주의 모든 별도의 부분과 특별한 관계를 지니는 분명한 무언가를 자신 안에 가지고 있기 때문이다.

그리고 앞서 말한 것처럼, 그런 의식적인 소통에 적합하도록 우리는 우주의 일정한 부분들과 상응하는 일정한 부분 또는 중추들을 가지고 우리 자신 안에 작은 우주를 구성하고 있다. 그래서 보통 그렇게 여겨지듯이 사람은 진실한 소우주, 작은 세계 또는 우주인 것이다. 사람의 모든 개별적인 부분, 그의 물질적, 성기적, 원인적인 몸들은 밖에 있는 우주의 어떤 특정한 부분과 분명한 관계를 가진다는 것이 실마리가 될 수 있다. 이관계가 모든 가능성의 열쇠이며, 이는 모든 사람에게는 대우주, 즉 커다란 세계의 상응부와의 교신수단으로 일할 수 있도록 맞춰진, 육안에 보이지 않는, 물질보다 더 미묘한 중추가 있기 때문이다.

우리의 물질 두뇌가 그 신경체계를 통해 몸의 모든 부분과 연결되는 것처럼, 아스트랄 몸에는 지성(知性)이 전 아스트랄 세계와 연결될 수 있는 어떤 중요한 중추들이 있다. 이와 같은 식으로, 다른 중추들은 그들과 상응하는 보다 높고 미묘한 세계들과의 교신을 위한 출발점들로서의 역할을 한다. 중추에서의 집중된 주의로 이 연결은 확립되며 그 해당 중추들은 깨어나고, 거기서부터 일깨워진 의식은 그 중추와 서로 관련 있는 미묘한 세계들을 향해 위로 움직인다. 이것이 모든 요가의 비밀이요 모든 비학 수련의 목적인 것이다.

2) 쿤달리니

(1) 나디(Nadi)

요가수행의 중심은 프라나(prana)의 움직임 또는 에너지의 활력이나 삶의 힘이라고도 할 수 있다. 프라나는 물질 안에 있지만 물질은 아니며 공기, 음식, 물, 태양광선, 물질 등의 모든 형태에서 내뿜어지는 에너지의 섬세한 형태이다. 우리 몸에서 프라나는 육체와 유체(幽體 astral)를 연결하는 고리로서 유체의 나디(Nadi) 안에서 흐른다. '흐름의 의미'를 지닌 나디는 신경이 아니라 의식의 흐름을 위한 통로이다. 프라나 샥티(생명력)와 마나스 샥티(마음의 힘)는 나디를 거쳐 몸의 각부분으로 흐른다.

탄트라에서는 7만 2천여 개의 나디가 있다고 한다. 이 나디는 온몸을 덮고 있으며 인체기관의 고유한 활동 리듬이 이들을 통하여 유지되고 있다. 나디의 연결망 속에는 열 개의 주요 통로가 있으며 그 중에서 프라나와 의식의 흐름을 조절하는 세 개의 주된 나디가 있다. 이 나디는 이다(Ida), 핑갈라(Pingala), 수슘나(Sushumna)이다. 이다 나디는 모든 심리적인 과정을 조절하며, 핑갈라 나디는 생명력을 조절하고, 수슘나는 영적의식의 각성을 위한 통로이다.

이다와 핑갈라는 물라다라 차크라에서 시작되며, 수슘나는 물라다라에서 곧바로 가운데 위쪽으로 흐른다. 이다는 왼쪽으로, 핑갈라는 오른쪽으로 수슘나관을 돌며 위로 상승한다. 이 세 흐름은 스와디스타나 차크라에서 만나며 이다와 핑갈라는 동시에 작용을 하지 않고 서로 교대로 작용하면서 서로 교체하여 위로 올라가고 수슘나는 계속 위로 올라간다. 이 같은 과정은 아즈나 차크라에 이르기까지 각각의 차크라에서 반복하여 되풀이된다.

이에 대하여 마이뜨리 우파니샤드 6.21에서는 "'수슘나'라 불리는 기도(氣道)가 있으니, 그것은 숨을 위로 실어 나르는 길이며, 그 길은 입천장을 관통해간다"고 수슘나의 위치와 역할에 대하여 말한다.

(2) 쿤달리니(Kundalini)

쿤달리니는 몸 척추의 맨 밑쪽에 자리 잡고 있는 잠자는 잠재력을 일 컫는다. 잠자는 상태로 있는 쿤달리니의 정신적 상태는 또아리를 튼 뱀 과 같다고 하여 '또아리를 틀고 있는 뱀의 힘'이라는 뜻을 가진 쿨라 쿤 달리니(Kula Kundalini)로 부른다. 산스크리트로 '쿤달'은 코일을 의미하며 쿤달리니는 '감겨 있는 것'으로 해석한다. 쿤달리니의 어원은 '쿤다'로 깊 은 곳, 공동을 뜻한다.

스와미 사티야난다 사라스와티에 의하면 "인체의 두뇌가 똬리를 튼 뱀과 같이 이루어져 있기에 쿤다는 똬리를 틀고 있는 잠자는 뱀과 닮은 두뇌 속의 공동을 가리키며 이것이 쿤달리니의 진정한 뜻이다."라고 말 한다.

탄트라에서는 쿤달리니를 원초적인 에너지로 해석한다. 일반적으로 쿤달리니는 세 바퀴 반을 감고 있는 잠자는 뱀으로 표현하는데 이는 실 제 뱀이 아닌 인간의 무의식을 상징하며 주로 물라다라나, 사하스라르 차크라의 의식의 상징으로 사용한다.

스외미 사티아 난다 사라스와티는 세 바퀴 반을 감고 있는 뱀의 의미 를 다음과 같이 해석한다.

"세 가지 성품 : 타마스, 라자스, 사트바 , 세 가지 의식 상태 :각성, 잠, 꿈 그리고 세 가지 형태의 체험 : 주관적 체험, 감각 체험의 부재 등과 관 련된 '옴(Om)'소리의 세 요소를 나타낸다. 그 중 반 겹은 각성도 잠도 꿈 도 없는 초월적 상태를 나타낸다. 따라서 세 겹 반의 코일은 우주전체적 체험과 초월적 체험을 가리킨다"

쿤달리니 각성에 대한 고대 경전들에 의하면 쿤달리니는 감긴 채 물라다라에서 잠자고 있다가 각성되면 풀리면서 척추중심의 수슘나를 통해 올라가는 도중 차크라들이 열린다고 기술하고 있다.

쿤달리니는 개인의 정신적 존재 안에 있는 인간의 영적 잠재력의 표현이다. 왜냐하면 쿤달리니는 육체와 연결되어 있지만 육체에 속한 것은 아니기 때문이다. 인간에게 있어서 쿤달리니는 육체적인 힘이 아니라 정신적 영적인 힘이다. 그러나 실제적인 육체적 실체를 가지는 것은 아니지만, 그것은 여전히 몸속의 육체적인 어떤 위치에 관련되어 있다. 잠자고 있거나 현현되지 않는 상태에서 쿤달리니는 깨어날 때까지 척추의 맨 아래에 있는 물라다라 차크라의 수슘나관에 있다.

스와미 사티아난다 사라스와티(Swami Satyananda Saraswati)에 의하면 쿤달리니 탄트라에서 "쿤달리니가 있는 곳은 원인체(原人體 causal body)이기 때문에 심체(心體 mental body)나 유체(幽體 astral body)에서는 발견되지 않는다고 한다. 쿤달리니의 에너지는 똑같은 하나의 에너지이지만 그 표현 양상은 각 개인의 차크라 각성 수준에 따라 다르게 나타난다. 또한 사람마다 진화 정도가 다르기 어떤 사람은 마니푸라, 어떤 사람은 아나하타에 있을 수 있으며, 각성은 쿤달리니가 있는 곳부터 시작된다"고 말한다.

보다 세련되고 고양된 진동 수준에 이 에너지를 표현하도록 개선하는 것은 인간의 의식을 가장 높은 수준으로 향상시키는 것을 의미한다.

① 쿤달리니의 각성

쿤달리니의 각성을 위한 수행은 아사나(asana 좌법), 프라나야마(pran-ayama 요가호흡법), 크리야요가, 명상 등에 의해서 이루어 질 수 있다. 그때 프라나를 쿤달리니에 보낼 수 있게 되며, 이때 에너지는 깨어나 척추의 중심 신경통로인 수슘나 나디를 통하여 위쪽으로 상승한다.

쿤달리니의 각성은 일단 샥티가 깨어나면 저급한 마음과 프라나로 작동되는 조야한 육체를 넘어선 시바와 샥티의 합일을 이루어 육체적, 심적, 영적인 발달을 가속화한다. 처음에는 이 에너지의 이름을 신과 여신, 천사들의 이름으로 불렀으나 프라나를 발견하고 프라나 샥티(shakti)라고 명명했으며, 탄트라에서는 쿤달리니라고 불렀다.

쿤달리니란 잠재된 상태에 있는 힘을 가리키고 이것이 각성되면 데바, 칼리, 두르가의 의인화된 신의 이름으로 부른다. 쿤달리니가 각성되어 그것을 조절할 수 없을 때를 가리켜 칼리라 하며 그것을 조정하여 좋은 목적으로 쓸 수 있을 때를 두르가라고 부른다.

힌두신화에서 칼리는 발가벗은 검은 피부의 여신으로 108개의 해골로 만든 염주를 걸고 있다. 칼리의 날름거리는 붉은 혀는 그 원 운동이 모든 창조적 행위에 대하여 자극을 주는 라조구나(rajo guna)를 상징한다. 반면에 두르가는 높고 세련되고 자비로운 무의식의 상징이다. 두르가 여신은 지혜와 힘을 상징하는 52개의 인간의 머리들로 만들어진 염주를 들고 있는데 이는 브라흐마(Brahma)의 현현을 상징하는 52개의 산스크리트와 동일한 수를 지닌다. 두르가는 물라다라로부터 해방된 삶의 부정적인 제거자요, 평화의 수호자의 상징이다.

브라흐마차리 스와미 비야스데브는(Brahmachari Swami Vyasdev)는 영혼의 과학에서 쿤달리니 각성을 다음과 같이 묘사하였다.

"수도자는 타오르는 숯과 같은 붉은 눈에 번개처럼 번쩍이며 진동하는 혀를 가진 길이 10인치의 황금색, 또 빛나는 검은색의 뱀과 빛나는 기둥 형태의 수슘나를 보게 된다."

프라나는 위로 향하는 본성을 지니며, 아파나는 밑으로 향하는 본성을 지니고 있다. 쿤달리니(Kundalini)가 깨어날 때, 그 둘이 물라다라 차크라(Muladhara Chakra)에서 합일(合一)된다. 이 에너지가 깨어나면 수슘나와 나디를 통하여 차크라로 상승하기 시작한다.

3) 차크라

(1) 차크라의 정의

'차크라(Chakra)'는 산스크리트어로 원형 또는 바퀴를 의미하며, 요가적 해석으로 소용돌이라는 의미를 지닌다. 우리 몸의 모든 것은 둥근 형상을 지니며 지속적으로 움직이고 있기 때문에 이 운동의 중심 센터를 가리켜 '차크라'라고 부른다.

스와미 사티야난다 사라스와티(Swami Satyananda Saraswti)에 의하면 "차크라는 '영적에너지의 소용돌이며 특정한 진동률로 돌아가는 에너지의 원 운동이다." 그리고 하리쉬 요하리는 차크라란 "수크샴 프라나

(Sukshma parna 미세한 프라나)라고 하는 미세한 생명력이 활동하는 중심부"
라고 말한다.

(2) 차크라의 인식

사람의 몸속에는 수많은 차크라가 있지만, 쿤달리니 에너지와 차크
라에 중점을 두는 쿤달리니요가, 라자요가, 크리야요가에서는 주요한 몇
개의 차크라 만이 언급된다. 차크라란 어떤 물질적 실체가 아니기 때문
에 생리학적 혹은 순수 물질적 차원에서 설명될 수 있는 성질이 아니다.
차크라는 진동수준에 있어 매우 미묘한 것이다. 이는 매우 복잡하여 이
에 대한 인식도 사람마다 조금씩 다르다. 왜냐하면 사람들은 이러한 현
상을 각기 다른 관점으로 보기 때문이다. 예를 들어 차크라에 대하여 인
식이 있다 해도 각기 자신의 개인적인 경향의 색채를 갖고 있다. 어떤 사
람은 보다 미묘한 신비적인 양상에, 어떤 사람은 에너지와 프라나 현상
에, 또는 그 작용에, 또한 그 심리적인 효과에 각기 초점을 두기 때문이
다. 즉 한 형태를 서로 다른 관점으로 해석하는 성향에 따라 그 표현이
다를 수 있다. 이러한 불일치는 대개 문화상, 교육상, 개인적인 이해의 차
이에서 기인된다. 따라서 탄트라는 지적이 아닌 실천적 과학이기에 다른
사람들의 언어나 글로 차크라를 이해하는 것보다 직접 체험하여 얻는 스
스로의 지식이어야 한다.

(3) 소우주 중추(Chakra)

차크라는 유체 에너지의 중심이다. 핑갈라(Pinggala)와 이다(Ida)는 서로 교차하며 또 여러 장소에서 수슘나(Susumna)와 교차한다. 이 교차점들을 차크라 또는 신경 중추라고 부르고 인체 구조를 조절한다. 인체 내의 주요한 여섯 차크라는 수슘나관을 따라 위치하며 머리 상부에는 사하스라 차크라가 위치한다. 각 차크라의 꽃잎은 나디들에 의해 방사되는데 쿤달리니 에너지가 차크라를 통과할 때 발생되는 진동으로 나타난다. 몸에 있는 차크라들은 모두 합해서 정확히 쉰 두 잎을 가지고 있으며 이는 산스크리트어 알파벳 쉰 두 개의 문자에 상응한다. 그리고 각각의 잎은 소리, 뚜렷한 음조를 발산하며, 이들은 산스크리트어 문자 하나 하나와 상응한다. 이 소리들은 보다 미묘한 청각이 일깨워진 사람이라면 들을 수 있으며, 볼 수도 있다. 이 52음은 사람의 발성기관으로 낼 수 있는 모든 소리를 이룬다고 한다. 고대 리쉬들은 이 52음을 듣고 각각에 해당하는 문자를 만들었으며 그것이 바로 산스크리트어 알파벳이 존재하게 된 방식이라고 한다(정현숙, 1994).

또한 각 차크라들은 그 자체의 색깔이나, 요소, 비자 만트라를 지니고 있으며 사하스라라 차크라 이외의 나머지 차크라들은 척추관을 따라 신경망으로 연결되어 있다.

아래서부터 시작해서, 우리 몸에 있는 소우주 중추들은 다음과 같다.

① 물라다라(Muladhara) 차크라

물라다라는 첫 번째 차크라는 직장 가까이 자리하고 있으며 배설을 다스린다. 이 중추는 어느 정도 연꽃 같은 모양을 하고 있으며, 다소 둥글고, 뚜렷한 부분들을 잎이라 한다. 이 가장 낮은 중추는 네 잎을 가지고 있으며 더 높은 중추일수록 잎의 수가 늘어난다. 가네쉬에 의해 관할되며 모든 리디와 시디들을 통제한다. 지(地)가 지배적인 원소이며, 만트라는 르암(Lam)이다. 여기에 쿤달리니가 잠자고 있으며, 육체적 사멸 시 의식의 흐름이 몸에서 물러나기 시작할 때 영향을 받는 첫 번째 중추이다.

② 스와디스타나 (Svadhisthana) 차크라 또는 샷달 칸왈(Shatdal Kanwal)

천골총(薦骨叢) 가까이 있으며 여섯 잎을 가지고 있으며 생식과 관계가 있는 중추이다. 이 중추의 역할은 물질세계를 위한 육체를 만들어 내는 것이다. 이 차크라는 6개의 잎으로 되었으며 기본원소는 물(水)이고 만트라는 밤(Bam)이다.

③ 마니푸라(Manipura) 차크라

이 차크라는 주로 전반적인 영양공급과 관계가 있다. 태양 신경총과 연결되어 있으며 프라나의 저장고이다. 비쉬누와 락쉬미에 의해 통제되며, 그들은 양육자로서 육체의 유지를 돌본다. 꽃잎이 10개인 차크라이며 화(火)가 그 활동의 탓트와이며 만트라는 람(Ram)이다.

④ 아나하타(Anahata) 차크라 또는 드바다스달 칸왈(Dvadasdal Kanwal)

심장 가까이 있으며 전반적인 혈액, 호흡 순환과 관계가 있다. 호흡에서의 생명에너지 '프라나'의 창고이다. 쉬바와 파르바티가 주재하며 그들의 임무는 생멸의 사멸이다. 이 차크라는 12개의 잎으로 되었으며 기본원소는 공기이며 만트라는 얌(Yam)이다.

⑤ 비슈다(Vishuddha) 차크라 또는 쇼다스달 칸왈(Shodasdal Kanwal 16잎 연꽃)

이 차크라는 목 가까이 있으며 호흡과 관계하며 호흡에서의 생명에너지 '프라나'의 창고이다. 이 차크라는 꽃잎이 16개이고 기본원소는 에테르이며 만트라는 함(Ham)이다.

⑥ 아즈나 (Ajna) 차크라 또는 도달 칸왈(Dodal Kanwal 두 잎 연꽃)

눈동자 아래 부위 수준에서 두 눈 뒤, 정확하게 송과샘의 위치에 상응하는, 미묘한 몸의 한 지점에 있는 두뇌 공동부(空洞部)의 중심에 있다. 이것은 마음과 영혼의 자리이며, 몸의 제어 중추이다. 브라흐마, 비누쉬, 그리고 쉬바 3신의 힘의 원천인 샤크티에 의해 관할된다. 거무스레한 파란색이 이 중추의 빛깔이며 아카쉬(空)가 그 타뜨와이다. 두 개의 꽃잎으로 되었으며 만트라는 옴(Om)이다.

여섯 번째 차크라는 요기들에 의해 도달되는 가장 높은 단계인 차크라이며 이는 티스라 틸(Tisra Til 제3의 눈) 쉬브 네트라(Shivanetra 쉬바의 눈)라 부르기도 한다. 이 중추는 두 눈 뒤의 중추에 자리하고 있으며 '의식의 중추', '생각의 중추'로 깨어있는 상태 동안 우리 영혼과 마음의 자리이다. 이는 우리의 모든 생각과 에너지가 그로부터 밖으로 퍼져나가는 중추로서 이 지점으로부터 우리 영혼의 흐름이 내려와 온 몸으로 모든 세포에 퍼진다.

자갓 싱(Jagat Sing)은 영혼의 과학에서 "영적인 상승을 위해 쓰이는 운송수단을 형성하는, 호흡에서의 에너지인 프라나가 이 단계에 이르면 치트 아카쉬에 흡수된다는 이유 때문에 프라나야마는 이 단계 너머로 상승시킬 수 없다"고 한다.

천골총(薦骨叢 Sacral plexus) 가까이 있으면서 생식기능과 관련된 것이 뱀처럼 또아리를 틀고 있는 '쿤달리니'라 불리는 '나디'이다. 그것으로부터 24개의 더 작은 나디들이 퍼져 몸을 지탱하게 한다. 이들 가운데 열 개는 몸의 여러 부위로 프라나를 나른다. 주요 나디인 이다와 핑갈라, 수슘나가 호흡을 통제한다. 그것들은 티스라틸까지만 이른다. 프라나얌을 수행하는 사람의 진보는 프라나가 그 근원처인 치트 아카쉬에 흡수되는 티스라 틸에서 멈춘다. 여기서부터 구나들의 흐름의 도움으로 사한스 달칸왈에 이른다. 이것이 브라흐만의 첫 번째 차크라에 해당하며, 사한스라르라(Sahasrara)불리는 브라흐만드의 첫 번째 차크라로 천개의 잎을 가지고 있다.

표 1. 차크라의 특성

	Moolad-hara	Svadhistha-na	Manipura	Anahata	Vishuddha	Ajna	Sahasr-ara
Seat	Perine-um	Coccyx	Behind navel	Behind heart	Throat	Center of head	Crown of head
No. of petals	4	6	10	12	16	2	1000
Colour	Red	Vermilion	Yellow	Blue	Violet	Silver grey	Colour-less

Root letter of the petal	Vam to sam	Dam to ram	Bam to pham	Kam to tham	Am to ah	Ham ksham	Am to kham
Element	Earth	Water	Fire	Air	Ether	Manas (mind)	Tattwa-tita
Seed mantra	Lam	Dam	Ram	Yam	Ham	Om	Visarga (param-shiva)
Vehicle of the element	Elephant	Crocodile	Sheep	Deer	Elephant	Nada	Bindu
Deity	Brahma	Vishnu	Vrihad rudra	Ishan rudra	Pancha vaktra	Ling	Par-brahn
World	Bhu	Bhuwah	Swah	Mahah	Janaj	Tapah	Satyam
Attri-bute	Smell	Taste	Form	Touch	Sound	-	-
Devi sakti	Dakini	Rakini	Kakini	Lakini	Shakini	Hakini	Maha-shakti
Yantra	Quan-drangu-lar	Halfmoon	Triangu-lar	Hexagonal	Cricle	Oval	Full-moom
Sense of knowl-edge	Nose	Tongue	Eyes	Skin	Ear	-	-
Organ of action	Anus	Penis	Feet	Hands	Sheech	-	-
Vayu	Apana vayu	Apana	Samana	Prana	Udana	Uyana	-
Kosha	Annama-ya	Pranamaya	Prana-maya	Manomaya	Vijnanama-ya	Vijnana-maya	Anan-damaya
Fruit of medita-tio	Knowl-edge and health	Poetry an yoga	Science and ability	Lordliness and dis-crimination	Oration and knowl-edge	Success of world	Lebera-tion

표 2. 타뜨와의 성질

	Earth	Water	Fire	Air	Ether
Nature	Heavy	Cool	Hot	Erratic	Mixed
Quality	Weight; Cohesion	Fluidity; Contraction	Heat; Expansion	Motion; Movement	Diffused; Space-given
Colour	Yellow	White	Red	Blue-Grey	Blackish
Shape	Quadrangular	Crescent moon	Triangular	Hexagonal	Bindu/.Dot
Mantra	Lam	Vam	Ram	Yam	Ham
Chakra	Mooladhara	Swadhisthana	Manipura	Anahata	Vishuddha
Tanmantras	Smell	Taste	Sight	Touch	Sound
Function in body	Skin; Blood Vessels bone Construction	All bodily Fluids	Appetite; Thirst sleep	Muscular Expansion, Contraction	Emotions; Passions
Karmendriya	Anus	Reproductive organ	Feet	Hands	Vocal cords
Jnanendriya	Nose	Tongue	Eyes	Skin	Ears
Location	Toes to knees	Knees to Navel	Navel to Heart	Heart to mid-Eyebrows	Mid-Eyebrows to top of head
Mental State	Ahamkara(Ego)	Buddhi (discrimination)	Manas(thought/ Counter-thought)	Chitta (Psychic Content)	Prajna (Intuition)
Kosha	Annamaya	Pranamaya	Manomaya	Vijnanamaya	Anandamaya
Prana vayu	Apana	Prana	Samana	Udana	Vyana
Loka	Bhu	Bhuvar	Swaha	Maha	Jana
Direction	East	West	South	North	Middle& Above

그림 1. 차크라의 그림(1) (Swami Satyananda Saraswati, 2000)

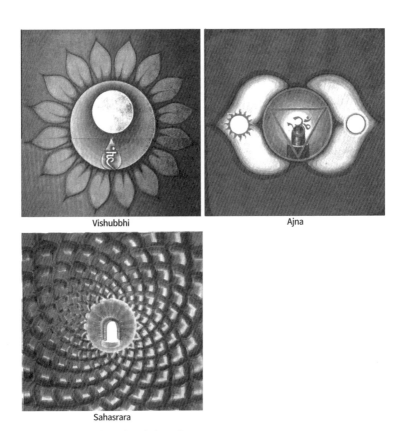

Vishubbhi

Ajna

Sahasrara

그림 2. 차크라의 그림(2) (Swami Satyananda Saraswati, 2000)

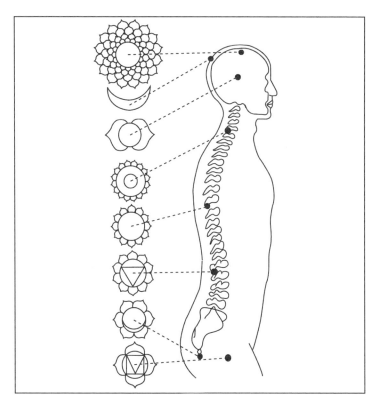

그림 3. 신체의 차크라 위치도 (Swami Satyananda Saraswati, 2000)

IV. 요가철학에 있어 생명의 흐름

1. 중추의 각성과 의식

지금까지 요가 탄트라에서 행해지는 여섯 중추의 각성에 대하여 살펴 보았다. 이 절에서는 중추와 의식의 관계를 통하여 쿤달리니 각성에 따 른 위험성과 올바른 내면의 상승을 위한 방법론을 이해하려 한다.

슈랏 샤브드 요가에 의하면 여섯 번째 이후의 중추와 그 역할에 대하 여 다음과 같이 주장한다. "여섯 번째 아즈나 중추 바로 위에는 차르달 칸왈(Chardal Kanwal)이라고 하는 또 다른 중추가 있다. 그 역할은 마음의 네 안타쉬카란(antashkaran 정신적인 기능)에게 활동능력을 공급하는 것이다. 이 네 기능은 마나스(manas), 붓디(buddhi), 치따(chitta), 아항카르(ahankar) 이다. 각각의 이 연꽃잎은 그 자신의 소리를 가지고 있으며, 이 넷은 산스 크리트어 알파벳의 52문자를 완성시켜 준다. 이것이 안다(Andar)에 있는 여섯 중추 가운데 가장 낮은 것이며, 핀다(Pinda)에 가장 가까이 있다."

안타쉬카란 네 잎 중추 바로 위에 티스라 틸(Tisra Til 제3의 눈)이 있는 지점이다. 그렇게 해서 영혼은 핀다에서 가장 높은 중추인 아즈나 중추에 영원히 머무는 것이며, 집중된 주의는 이 중추로부터 안타쉬카란 중추를 건너뛰어 티스라 틸 중추에 고정된다. 주의는 이런 방식으로 핀다 사이의 선을 건너 안다에 들어가 거기서 그 상승여행을 시작한다.

슈랏 샤브드 체계와 파탄잘리의 방법을 따르는 수행 체계 사이의 근본적인 차이 가운데 하나는, 모든 집중은 티스라 틸 지점에서 시작되어 더 높이 올라갈 준비가 될 때까지 거기에서 유지되며, 그 아래의 모든 중추들은 무시된다.

두뇌에는 훨씬 더 높은 많은 중추들이 있으며, 그 각각은 더 높은 세계들의 영역과 상응한다. 사람의 미묘한 몸에는 22개의 중요한 중추들이 있으며 그 밖에도 몸의 보다 작은 신경절에 비유될 수 있는 무수한 더 작은 중추들이 있다. 그것들은 모두가 일정한 기능을 가지고 있다.

그러나 슈랏 샤브드 요가에서 는 이 중추 가운데 10개 또는 12개 이상의 것들에는 많은 관심을 두지 않는다.

아주 많은 요기들은 두 눈 아래의 몸, 핀다에서의 여섯 중추들을 강조하며 쓰고 있다. 그러나 슈랏 샤브드 요가에서는 집중을 티스라 틸에서 시작해서 거기서부터 계속 상승을 주장한다. 이 이유에 대하여 하위 여섯 차크라의 각성을 위한 쿤달리니 수행의 위험성을 다음과 같이 말하고 있다.

"프라나야마 수행 아래서 쿤달리니는 물라드라 차크라 또는 스와디스타나(Swadhistana) 중추에서 그 잠재적인 상태로부터 해방되거나 또는 깨어난다. 그것은 천골총(薦骨叢) 가까이 있으며 생식기능과 관련되어 있다. 그것은 사람에 있어 창조적인 중추이다. 이 쿤달리니는 커다란 힘으로 올바른 수련으로 일깨워지면 이 힘은 왼쪽의 이다(Ida), 오른쪽의 핑갈라(Pingala)라고 하는 두 개의 작은 관을 가진 수슘나(Sushumna)를 통해 상승한다. 쿤달리니가 충분히 타오르며 두뇌로 올라가면 의식, 특히 느낌과 감정에서 일어나는 일련의 중요한 변화가 있다. 자연의 세력을 지배하고 다른 사람들을 지배할 수 있는 아주 대단한 힘을 갖게 될 수도 있다. 그러나 만일 그 개인이 자기통제와 마음 정화의 엄격한 훈련절차에 의해 이러한 변화들에 대한 올바른 준비가 되어있지 않다면 그 결과는 정신이상과 죽음 같은 재난이 될 수도 있다."(Julian Johnson, 1934)

간디는 '마음을 다스리는 건강철학'(2001)에서 호흡수련에 의한 위험성을 다음과 같이 언급하였다.

"프라나요가는 인위적인 방법이다. 그것은 호흡제어를 통한 마음의 통제를 목적으로 한다. 프라나요가는 건강에 위험이 따르기도 한다. 특히 프라나야마의 훈련은 반드시 숙련된 지도자가 필요하며 또한 단지 건강상의 목적으로 행해져야 한다."

또한 하타요가를 통하여 내면의 상승을 주장하는 요가수행에 대하여 "하타요가가 가져오는 육체적인 영향을 편안하고 안전하게 영적으로 상승시킬 줄 아는 사람을 찾으려 했지만 만날 수가 없었다."

2. '안으로 들어가는 것'으로의 의미

우리가 감각을 통하여 받아들인 인지, 즉 외적 지식은 물질의 산물이다. 따라서 그것은 절대적인 것도 궁극적인 것도 아니다. 인간이 경험할 수 있는 또 다른 영역이 있는 것이다. 요가나 탄트라성자들의 직관에 의하면 '마음 또한 물질이고 마음은 결코 영혼(sprit)이 아니다' 라고 말한다.

이러한 인도의 사상은 물질의 세계를 벗어나기 위한 방법으로 요가 수행법이 발전되어왔다. 요가는 사람이 마음뿐만 아니라 몸도 가지고 있는 존재라는 것을 깨우쳐준다. 마음만을 통해 행복을 느끼는 것은 아니다. 몸 또한 실재이며, 인격의 한 부분인 것이다. 그렇다고 몸의 조건만을 개선시킴으로써 반드시 행복해지는 것은 아니다. 왜냐하면 사람이란 몸과 마음뿐만 아니라 감정과 욕망으로 이루어진 존재이기 때문이다. 또한 사람은 마음을 넘어선 존재이기도 하다. 여기에 요가는 모든 방향으로 인성의 진화를 완전하게 이룩할 수 있도록 발전되어 왔다. 이런 이유로 체조를 중심으로 척추와 내분비선을 조절, 정화, 각성시키는 육체중심의 하타요가(Hata Yoga), 봉사행을 통해 무위에 이르는 카르마요가(Karma Yoga), 사랑과 헌신, 찬송 등 고차원적 감정을 계발하고 가슴의 정화를 통해 신과 합일하는 박티요가(Bhakti Yoga), 근원에 대한 올바른 통찰로 본성과의 합일을 추구하는 즈냐나요가(Jnana Yoga), 척추 끝의 미저골에 잠재되어 있는 원초적 생명에너지인 쿤달리니를 깨워 여러 영적 센터들을 꽃 피우면서 궁극의 완성에 이르는 쿤달리니요가(Kundalini Yoga) 등 수많은 종류의 수행법들이 개발되었다.

그러나 간디는 진정으로 '안으로 들어가려 것'의 의미를 다음과 같이 말하고 있다.

"호흡 운동은 매우 중요하다. 그러나 잘 통제된 생활이 복잡한 아사나 자세나 운동을 연구하고 실행하는 것보다 더 중요하다. 하타요가는 잘 통제된 깊은호흡과 부드러운 근육의 확장에 있기 때문에 순수하게 건강이라는 관점에서 매우 훌륭한 운동이지만 하타요가를 통하여 영적 쇄신을 발전시키려 해서는 안된다. 물론 프라나야마의 훈련이 영적인 가치가 없다는 것은 아니지만 영적인 발전은 육체적 운동을 통해서 보다는 마음의 헌신을 통해서 이루어지기 때문이다."

3. 내면으로의 길

달라이 라마는 '깨달음의 길'(2001)에서 내면으로 향하는 참 지혜에 대하여 다음과 같이 말한다.

'본래부터 존재하는 실재'라는 것에 우리가 집착하는 것은, 실제로 그것을 뒷받침할만한 근거가 존재하지 않는다. 일상적인 인식과정에서 우리는 모든 대상에 '너는 구체적으로 존재한다'고 정의를 내리지만, 그것은 우리가 인식하고 있는 그 대상에 아무런 실제적 근거가 없는 것이다. 우리가 보는 대상에 대해 '그것이 구체적으로 있다'고 우리가 느끼는 '본래 있음'이라는 성질은 우리 마음이 만들어 낸 것이며, 그것이 '본래 있다'는 집착으로부터 모든 고통과 감정적 괴로움과 그로인한 잘못된 행동이 나오는 것이다. 반면에 이러한 관념을 버림으로써 왜곡된 마음을 일으키는 근원을 제거할 수 있고, 아울러 그런 마음이 일으키는 부정적 행동도 제거할 수 있다. '그것이 진정 존재한다'는 것에 집착하는 마음, 우리가 타고난 이 마음의 작용을 완전히 제거해 버리는 힘이 지혜의 수행이다.'

또한 까비르는 다음과 같은 시로써, 진리의 깨달음을 추구하기 위해 지적인 탐구가 아닌 건강한 몸과 덕의 실천 속의 수행을 강조한 것을 알 수 있다.

> 지쳐 죽을 때까지
> 읽고 또 읽는다 해도
> 진정한 학자는 될 수 없다네
> 그 작은 말 '사랑'을 아는 자
> 그가 진정한 지식인

간디는 진리로의 여정을 "라마야나(산스크리트어로 쓰인 고대 인도의 서사시)를 읽는다 해서 라마를 알 수 없고, 기따를 읽는다고 해서 크리슈나를 알 수 없으며 코란을 읽는다고 해서 알라를, 성서를 읽는다고 해서 예수를 알 수 있는 것은 아니다. 그들을 진정으로 아는 유일한 방법은 순수하고 고상한 성품을 닦는 것이다. 성품이란 덕행에 기초하고, 덕행은 진실에 뿌리를 둔다. 그러므로 진실은 모두 훌륭하고 위대한 것들의 기초자이자 근원이다. 진실과 정의의 이상을 두려움 없이 단호하게 추구하는 것이야

말로 모든 행복의 열쇠인 동시에 진정한 행복은 진정한 건강 없이는 불가능하고, 진정한 건강이 열쇠이다"라고 하였다.

이는 아무리 훌륭한 경전과 성서를 통하여 얻은 얼마간의 이론적인 지식만으로 끝없는 토론을 벌이는 것은, 우리를 얽어매어 탈출하지 못하게 하는 거미줄과 같은 것이므로 깨달음에 끝없는 자기 수행의 실천을 통하여 그 가치를 이룰 수 있다는 뜻으로 해석할 수 있을 것이다.

다음은 요가 수행의 내면세계의 상태를 비유한 두 현자의 글이다.

> 아홉 개의 문을 닫고서
> 방황하는 마음을 고요히 하는 자
> 열 번째 문으로 들어가
> 그분의 거처를
> 진정한 고향으로 삼나니
> 거기엔 밤낮없이
> 무의음(無爲音)이 울려 퍼지고 있어
> 스승의 가르침을 따라 들을 수 있네
>
> - 아마다스 -

우리의 이 몸은 단순히 피와 살과 뼈를 가진 구조물이 아니다. 몸은 두 부분의 층으로 나누는데 하나는 눈 아래이며 다른 하나는 그 위를 지칭한다. 이 글에서 아홉 개의 문이란 눈 아래 부분의 구멍을 지칭한다. 우리의 의식은 두 눈 아래의 신체 부위, 곧 아홉 구멍으로 향할 때 관능적 쾌락과 욕망의 탐닉만이 있다. 그러나 신체의 아홉 구멍에서 비껴 설 때 우리는 이원성을 뒤로하고 단일성을 경험하게 된다. 이 아홉 구멍의 경계에 사는 동안, 곧 세상과 세상 속의 존재에 집착하여 있는 동안에 우리는 이원성의 그물에 얽혀 있다. 마음을 다스린다는 것은 우리의 흩어진 주의의 흐름을 몸으로부터 돌이켜 그것을 열 번째 문인 미간에 집중하는 것을 의미한다. 이것을 반복함으로써 주의가 티스라 틸(Tisra Til 제3의 눈)에 집중될 때 내면의 빛이 발하고 샤브드(Shabd 내면의 소리)를 들을 수 있으며 진정한 자아를 깨닫게 된다는 의미를 말하고 있다. 우리의 의식이 진정한 내면으로 향했을 때 의식이 각성 상태를 다음 시에서 말해주고 있다.

> 달이 내 몸 속에 빛나고 있다.
> 그러나 먼 내 눈은 그것을 보지 못한다.
> 달이, 해가 내 속에 있다.
> 울리지 않는 영원의 북이 내 속에서 울리고 있다.
> 그러나 먼 귀는 그 소리를 듣지 못한다.
>   - 까비르 -

이 글은 까비르가 부른 깨달음의 노래들을 타고르가 정리한 것 중의 하나로 우리에게 많은 내면세계의 상태를 설명하였다. 고대로부터 현자들은 마음이 확장될 수 있으며, 이 경험은 반드시 대상에 의지하지 않는다는 것을 깨달았다. 마음은 감각의 도움으로 대상에 기초한 경험을 할 수 있다. 시간, 공간, 대상의 구조 속에 경험이 일어날 수 있다. 그러나 시간, 공간, 대상의 구조를 넘어서도 경험이 일어날 수 있고, 의식이 기존의 제한과 경계를 넘어서 확장될 때 일어날 수 있다. 만일 어떤 사람이 음악을 연주하고 있다면 귀를 통하여 연주의 아름다운 선율을 들을 수 있고, 또한 화가의 작품을 눈으로 감상하며 아름다운 그림을 느낄 수 있다. 그러나 의식의 확장으로 인하여 음악도, 그림도 없지만 볼 수 있고 들을 수 있는 것이다. 가장 특수하면서도 일반적인 체험은 북치는 소리, 피리소리, 종소리, 새소리 같은 것들이다. 일시적으로 바깥에서 맹렬한 소나기를 맞는 것 같은 감각이 드는가 하면, 머리위에서 쉬지 않고 움직이는 검은 구름과 천둥소리의 느낌도 난다. 때때로 몸이 가벼워지고 척추가 형광 빛처럼 보이기도 한다. 마치 수 천 개의 작은 빛이 몸 안에서 불타는 것처럼 내부에서 빛을 느끼기도 한다. 여기에서 까비르가 노래한 달과, 해와, 북소리 역시 육체의 눈과 귀로 보고 들은 것이 아닌 각 중추의 각성에 따른 내면의 빛과 소리인 것이다.

V. 요가의 체육·스포츠 적용

　　요가와 스포츠는 고대로부터 동, 서양을 중심으로 제각기 심신수련에 중요한 역할을 해오며 발전되었고, 최근 들어 동서양을 막론하고 모두 대중적인 인기와 관심을 얻고 있다.

　　그런데 근래에 들어 고대 인도인들에 의해 만들어진 요가운동이 현대인에게 수용될 수 있는 이유는 무엇인가? 그 이유는 신체적인 능력의 향상과 이상적인 인간형성이라는 스포츠의 목적이 조화로운 건강에 기여하고 인격을 개발시키려는 요가의 목적과 공통된 견해를 가지고 있기 때문이다. 이 장에서는 다양하게 발전된 요가 중에서 체육·스포츠에 대한 적용으로서 요가의 필요성과 형태들에 관하여 논의하고자 한다.

1. 건강에 대한 요가적 모델

건강한 신체에 건강한 정신이 깃든다는 말이 있듯이 정신과 육체는 상호 유기적 관계를 갖는다. 우리의 일상적인 삶에서 정신이 건강해지고 감정이 자유스러워진다면 그만큼 육체도 건강해진다고 할 수 있다. 그러나 건강한 정신은 가냘픈 신체에도 깃들 수 있기 때문에 육체가 건강하다고 하여 반드시 신체가 강하다는 것을 의미하지는 않는다. 또한 어느 단계에 이르면 육체는 정신의 발달에 비하여 쇠퇴하기도 하며, 힘센 육체는 종종 많은 질병들을 품고 있으며 오염과 감염 등에서 벗어나지 못하는 경우도 있다. 그러나 심신이 조화롭게 발달한 건전한 육체는 이러한 신체의 오염에 저항할 수 있는 힘을 내재하고 있다. 실제로 이러한 완전한 평형적인 삶에 도달하기는 어렵다 할지라도 우리는 이러한 상태를 상상할 수 있으며 이를 위한 노력과 희망이 건강한 삶을 영위하기 위한 목표가 될 수 있을 것이다. 이를 위하여 자연의 법칙을 탐구하고 이에 순응하는 삶이 우리의 이상일 것이다. 자연은 우리에게 정신적인 것과 육체적인 운동의 장을 주고 있다. 왜냐하면 정신과 육체 모두가 자연스러운 삶의 조건을 벗어난다면 우리의 건강은 손상을 가져오기 때문이다. 따라서 건강을 위한 이상적인 운동이란 몸뿐만 아니라 마음에도 활력을 불어넣을 수 있어야 한다.

몸과 마음의 이상적인 조화를 위하여 발달해온 요가가 스포츠에서 성공적 모델이 되기 위해서는 건강의 조화가 필수적으로 요구된다. 심리학이나 생리학적으로 건강함이란 건강한 몸과 건전한 마음을 이야기한다.

고대 요가의 문헌에서 건강과 같은 의미로 스와스티야(Swasthya)라는 용어를 사용한다. 스와(swa)는 자신(self)을, 그리고 스티트(sthit)는 살기 위한(to live)의 뜻으로 스와스티야는 '자신이 살기 위한'이라는 의미를 지닌다. 여기에서 자신이란 단지 육체적인 몸만이 아닌 보다 정신 중심의 몸을 말한다. 요가에서 몸은 마음과 정신이 함께 깃든 곳으로, 몸과 마음 그리고 정신은 상호 관련이 있고 서로 의존적인 관계를 가지고 있다. 몸은 인간의 건강과 개체의 성향을 나타내며 정신은 몸보다 더욱 미묘한 형태로 나타난다. 그러므로 요가의 문헌들은 완전한 건강을 유지하기 위해서 이 세 가지의 조화로운 균형을 강조한다. 이를 위해 요가에서 주장하는 필요한 원리들을 살펴보면 다음과 같다

1) 몸과 마음의 이완

바가바드기따에 의하면 '영혼은 세상의 감각들과 함께 움직이지만 감각은 조화 안에서 유지되며 고요 안에서 휴식한다'라고 하듯이 요가수행에서의 육체적, 정신적, 영적인 이완의 방법들이 발전되어 왔다.

우리의 마음작용은 행동을 일으켜 신경계에 전달하며, 근육을 움직이도록 한다. 만일 근육을 이완시키면 마음도 이완되며, 마음이 이완되면 내면의식이 확대되면서 호흡과 근육과 소화기계통과 다른 기능 등을 통제하여 나간다. 이완은 행위를 하는 것이 아니라 행위가 되어지도록 하는 것이다. 이완을 통한 생리적 변화로 하여 감각은 더욱 확대되고 밝아지며 호흡과 맥을 부드럽게 하여 모든 근육의 긴장은 사라지고 몸은 부

드럽고 건강해진다.

2) 건강한 육체적 훈련

사람을 다른 동물과 크게 구별 지을 수 있는 것은 손을 이용한다는 사실 때문이다. 때문에 육체기관 즉 손, 발, 눈, 코, 귀 등의 적절한 연습과 훈련을 통해서만 지성을 진실하게 교육할 수 있다.

즉, 사람은 신체기관을 지적으로 사용할 때 지성을 가장 빠르고 훌륭하게 발전시킬 수 있고 개발할 수 있을 것이다. 머리를 써서 하는 신체교육이 지성을 개발하는 탁월한 수단이다. 그동안 서구에서 도입되었던 교육은 영혼보다는 정신과 육체에 먼저 주의를 기울이고 있다. 새로운 교육은 이제 영혼과 정신과 육체 사이에 균형을 이루는 교육을 지향해야 할 것이다. 이에 아사나는 몸의 다양한 시스템을 개발시키는데 중요한 역할을 하며 내부기관과 갑상선, 근육과 척추와 인대를 강하게 한다. 또한 아사나의 부드러운 동작들은 몸을 통제하고 지각을 일깨워주며 마음을 고요하게 하여 내면의 성장을 돕는다.

3) 올바른 호흡

요가의 목적은 마음의 조절과 안정에 있다. 감정의 흥분은 호흡에 영향을 미치는 것과 같이 호흡의 신중한 조절은 감정의 흥분을 제어하며, 감각기능을 조절할 수 있게 할 뿐 아니라 호흡기를 튼튼히 하고, 신경조직을 안정되게 하며, 갈망과 욕망을 이완시켜준다. 이에 대하여 요가수트라 1.34에서는 "호흡을 내보내는 것과 호흡을 닫는 것만으로도 마음을 고요히 안정시킨다"고 말한다. 샹카라차리아(Sankaracharya)는 올바른 호흡법에 대하여 "마음에서 망상을 몰아내는 것이 진정한 레차카(rechaka 날숨)이다. '내가 즉 아트마이다'라는 인식이 진정한 푸라카(puraka 들숨)이다. 이러한 믿음을 가진 마음의 지속이 진정한 쿰바카(kumbhaka 숨멈춤)이다. 이것이 진정한 프라나야마(pranayama 호흡법)이다"라고 말한다.

4) 절제된 음식

인도 속담 중에 '음식이 마음을 만든다'라는 말이 있듯이, 요가식의 식사는 자연스럽고 단순함에 기초를 두고 있다. 앞 장에서도 언급한 마나마야 코샤가 음식에 의하여 만들어진 몸인 것처럼, 음식은 마음의 섬세한 부분에 영향을 주고 있다. 이 의미는 우리를 형성하는 많은 것이 먹는 음식의 유형에 달려 있다는 것을 뜻한다.

따라서 순수한 음식은 몸과 마음에 조화와 활기를 불어넣어주어, 생기 있는 식사는 음식의 순수성에 의해 내면적인 본성의 정화를 일으켜준다. 또한 생리적인 면에서도 인간의 이(齒)와 장의 구조는 육식동물과는 구조가 다르게 되어 있어 육식보다는 채식위주의 식사에 적합한 구조를 갖고 있다.

이에 대하여 바가바드기따 17.8-10에서는 음식이 지니는 세 구나와 그가 미치는 영향에 대하여 "사트빅한 음식들은 우리에게 생명의 연장을 주고 우리를 정화시켜주며 건강과 행복과 충만감을 준다. 이런 음식들은 대개가 부드럽고 신선하며 맛이 있다. 너무 쓰거나 시고 짜거나 자극적이며 물기 없고 뜨거운 음식들은 격정적인 사람들이 좋아한다. 이런 음식들은 고통과 병의 원인이 된다. 신선하지 않으며 맛이 없고 부패했거나 찌꺼기 음식들은 대개 어둠의 기질을 가진 사람들이 즐겨한다"고 말한다.

라자식하거나 타마식한 음식은 나쁜 생각을 일으킨다. 순수한 사트빅한 음식은 순수한 생각을 개발시킨다. 타마식한 음식은 나태, 분노 등을 일으키는 음식이다. 고기, 포도주, 담배, 무겁고 신선하지 않은 음식, 너무 많은 음식, 모든 알콜류 등이다. 라자식한 음식은 마음으로 하여금 세속적인 활동을 갈망하게 하는 음식으로 계란, 생선, 소금, 후추, 홍차, 커피, 자극적인 음식, 많은 양의 음식을 가리킨다. 그리고 사트빅한 음식은 평정과 순수한 생각을 일으키는 음식으로 과일, 채소, 아몬드, 밀, 콩류, 적은 양의 소박하고 가벼운 음식 등이 있다.

5) 도덕적인 생활

어떤 현자가 말하길 '인간에게 최선의 친구이며 동시에 최악의 적은 바로 자신'이라 했다. 자연인이 되거나 노예가 되는 것은 바로 자기 자신에게 달려 있다. 또한 개인에 대하여 참인 것은 사회에서도 참인 것이다.

도덕성을 갖춘다는 것은 일상의 생활 속에서 정직하고 성실하며 친절해야 한다는 것을 의미한다. 요가에서는 도덕을 무시하고 신비스러운 체험만을 위한 수행을 목적으로 한다면 일상생활로부터 오는 혼란과 동요로 심신의 안정을 이룰 수 없기 때문에 도덕성의 가치를 중시한다.

파탄잘리 요가수트라에서는 수행자들이 지켜야 할 도덕률에 대하여 야마(yama 禁戒)와 니야마(niyama 勸戒)를 말한다. 야마는 사회와 개인에 관한 도덕규범으로 이를 지키지 않는다면 폭력, 거짓, 도벽, 방탕, 탐욕 등을 일으켜 고통과 무지를 가져다준다. 니야마는 개인적인 수행에 적용하는 자기 정화를 위한 계행을 말한다. 이들은 다음과 같다.

(1) **야마**(yama)

① 아함사(ahimsa 不殺生) : 생각이나 말 또는 행위로 그 어떤 생명체에게도 해를 주지 않는 것

② 사트야(satya 不妄語) : 거짓말 하지 않는 것, 곧 생각, 말, 행위에서의 진실함

③ 아스테야(asteya 不偸盜) : 훔치지 않는 것, 내 것이 아닌 것을 욕구하거나 가지지 않는 것

④ 브람차리야(Brahmacharya 禁慾, 貞潔) : 생각이나 말 또는 행위에서 성을 음욕으로 여기지 않는 것 , 곧 순결, 절제, 성에너지 보존

⑤ 아파리그라하(aparigraha 不貪) : 소유에 대한 욕망의 부정, 불필요한 물품을 소유하지 않는 것

(2) **니야마**(niyama)

① 사우차(saucha 淸潔) : 육체를 욕정으로부터 순결하게 보존하는 것이다. 이는 사트바의 청결, 마음의 집중, 감각기관의 제어, 자신을 직관하는 능력 등이 배양된다.

② 산토사(santosa 滿足) : 만족은 마음의 상태로 만족하지 못하면 자아의
부조화를 낳아 갈등을 야기하고 집중을 방해한다. 요가수트라 실수
품 24절에 "만족의 결과 무상락을 득한다"고 하였다.

③ 타파스(tapas 苦行) : 목표를 향한 열정적인 노력을 의미한다. 실수품
43절에 "고행의 결과 지저분함과 더러움이 멸해짐으로 신체와 감각
기관의 초자연력이 나타난다"고 하였다.

④ 스바디야야(svadhyaya 學誦) : 이는 자아의 교육을 의미한다. 자아의
탐구와 경전의 교육을 통하여 무지를 제거하고 올바른 지혜로 자아
를 발견하는 데 있다.

⑤ 이스바라 파라니다나(isvara pranidhana 念神) : 신에 대한 흔들리지 않
는 믿음과 복종, 신을 깨닫기 위한 노력을 말한다. 신에 대한 끝없는
헌신 속에서 스스로를 밝히고 진리 앞에 겸양의 미덕을 기른다.

6) 명상

인간의 몸은 자아의 영적인 탐구와 더불어 자연의 섭리를 깨닫기 위
한 실험실이다. 요가에서는, 인간의 몸 안에는 무수히 잠재된 숨겨진 힘
이 있으며 그것은 주의의 흐름을 안으로 가져감으로써 스스로의 노력으
로 일깨울 수 있다고 말한다.

명상이란 자신의 주의를 육체의 한 곳에 고정시켜서 그것이 감각들에
게 향하지 않도록 노력하는 것을 말한다. 그리고 마음을 지속적으로 미
간에 고정시키며 그것이 내려가지 않도록 하는 것이 집중이다. 마음을
미간에 유지시키는 목적은 내면에서 공명되는 샤브드에 귀속시켜 마음

이 그 자신의 원천으로 되돌아갈 수 있도록 하기 위해서이다.

마음은 감각적인 것들을 좋아하므로 감각적인 즐거움보다 더 좋은 즐거움을 얻을 수 있을 때 감각들에게로 향하는 것을 거부한다. 그리하여 감각적인 것보다 더 집착할 수 있는 내면의 샤브드에 집중함으로써 마음은 트리쿠티(Trikuti)라는 그 자신의 원천으로 복귀한다. 이때 영혼은 저절로 마음으로부터 자유를 얻게 된다. 이것이 소크라테스가 "너 자신을 알라"라고 말한 이유이다. 왜냐하면 이때 자신의 본질을 깨달을 수 있기 때문이다.

마음은 영혼을 지배하고, 마음 자체는 감각들에 의해 지배당하고 있다. 그러나 명상의 도움으로 우리는 이 진행 과정을 거꾸로 뒤집어야 하며, 그리하여 영혼이 마음을 지배하고, 마음이 감각을 다스리도록 해야 한다. 이것이 명상의 목적이다.

2. 요가·명상의 자연과학적 효과

인간은 낮은 영역의 생명에게서는 찾아볼 수 없는 보기 드문 탄력성과 지혜의 역량을 지니고 있는 매우 고귀하고 존귀한 존재이다. 그러기에 인간은 다른 생명체에서 찾아볼 수 없는 속도로 진화를 해간다. 그러나 이러한 진화의 과정에 인간은 깊이를 헤아릴 수 없는 영적 어둠에 빠질 수도 있고 완전한 깨달음이라는 고귀한 상태에 이를 수도 있다. 만일 우리가 마음을 수양하여 긍정적이고 창조적인 삶의 방식으로 방향을 유지한다면 지혜의 깨달음을 구할 수 있겠지만, 깊이 없고 가벼운 목표만을 추구하고 마음이 가리키는 심오한 차원의 욕구를 외면한다면 좌절과 혼란에 빠지게 된다.

삶을 어렵게 만드는 모든 문제의 근원을 찾아 들어가 보면, 우리는 스스로 문제의 뿌리인 근본원인을 제거하지 않고 다른 것을 탓하고 있는 것을 알게 된다. 그러한 근본원인은 바로 정신적 통제력의 결핍과 자각의 결핍에서 온다.

이를 극복하기 위하여 몸과 마음을 올바르게 충분히 휴식하면서 살아간다면 우리의 건강과 마음은 무궁한 에너지를 발산시키는 원동력이 될 수 있을 것이다. 이때 올바른 요가와 명상의 수행은 몸, 마음, 영혼의 휴식으로 이어지며, 이러한 이완은 어떤 정지된 상태가 아닌 더 깊은 내면의 자각으로 향하는 흐름을 줄 수 있을 것이다.

명상이 우리에게 내면적으로나 외면적으로 삶에 미치는 효과에 대하여 초월명상(TM)을 통하여 보고된 생리적, 심리적인 그리고 사회적인 측면에서 실시된 자연 과학적인 연구결과들을 보면 다음과 같다(http://user. chollian.net/~mtmcrok).

1) 메타분석법은 많은 연구결과들을 이용해 확고한 결론을 이끌어 내는 과학적 절차로서 명상시 눈을 감고 쉴 때보다 기저피부 저항도를 뚜렷이 높임으로써 깊은 긴장 완화를 제공함을 밝혔다. 깊은 휴식과 긴장 완화는 호흡률과 혈장 속의 유산염이 일반적 휴식 때보다 크게 감소한 데서도 나타나고 이런 생리적 변화는 마음이 깊은 고요 속에 활짝 깨어

있는 상태로 쉽게 가라앉음과 동시에 일어난다.

2) 한 피시험자의 뇌파전위기록표(EEG)는 명상시 깊은 고요 속에 활짝 깨어있는 상태를 보이고, 전두부 피질에서 느린 알파파의 강도가 증가하고 있음을 볼 수 있다. EEG에서 일어나는 이런 변화는 초월명상 중에 깊은 휴식을 취하면서도 활짝 깨어 있음을 말한다. 이는 뇌가 질서 정연히 기능하는 상태이며, 힘찬 활동을 위한 이상적인 준비 상태라 할 수 있다.

3) 명상 중에 EEG의 최대 동조성은 언어능력 향상, 개념 숙지능력 향상, 도덕적 판단력 향상, 신경증 감소, 명확한 초월의식 체험, 신경계의 효율성 증가 등을 말해 준다. 명상은 다른 이완법보다 자아 실현도를 훨씬 더 향상시킨다. 자아실현은 인격의 통합성과 안전성, 감정 성숙, 인간관계의 성숙, 변화에 대응하는 적응력 등을 뜻한다.

4) 미국전역에서 초월명상과 TM-시디기법을 실행하는 2000명을 대상으로 5년 동안 축적한 의료 통계자료에 의하면, 병원 입원비율은 일반인들보다 56%나 적었음이 밝혀졌다. 심장관련 계통은 87%, 암은 55%, 신경계통은 67%, 이비인후과나 폐질환은 73%가 적었다.

5) 생물학적 나이는 사람이 생리적으로 얼마나 나이 들었는지를 뜻한다. 측정 자료에 의하면 5년 이상 명상을 실천한 사람은 자신의 실제나이보다 12년 정도 젊다고 한다. 이것은 혈압 감소, 근거리 시력, 청력에 의해 측정된다. 단기 명상자들은 생리학적 나이가 실제 나이보다 5년 정도 적은 것으로 나타났다. 이러한 결과는 식이요법과 운동의 효과에 대해서도 검증되었다.

위 연구결과와 더불어 자연과학분야에서 증명된 명상의 효과는 다음과 같다.

⑴ 정신능력 향상 : 지능 증가, 창조성 증가, 학습능력 증대, 기억력 증가, 반응시간 향상, 윤리적력 향상, 자아실현도 증가, 뇌 기능의 질서성 증가

⑵ 건강증진 : 스트레스 감소, 질병발생률 감소, 알코올과 약물 의존도 감소, 심장 및 맥박질환 감소, 수명연장

⑶ 사회적 행위 개선 : 자신감 회복, 불안감소, 가정생활 개선, 업무수행력 증진, 직업에 대한 만족감 증가

3. 체육·스포츠에서의 요가

인도철학에 의하면 우주는 서로 보완적이면서도 대립적인 시바(陽)와 샥티(陰)로 분류되어 있지만, 이 궁극적인 양극에 의해 형성된 구조 속에서 상호 작용하는 에너지의 조합으로 이루어졌다고 말한다. 칼 융은 "자연적 과정이란 더욱 잠재적인 상태에서 끊임없이 나오는 에너지 현상들이다"라고 했다. 따라서 우리가 현상계에서 느끼는 이원성은 의식의 다른 수준에서 보면 실제로 단일한 전체과정이라고 말할 수 있다.

우리의 몸과 마음은 인체라는 우주 속에서 서로 작용하여 끊임없이 표현되는 에너지의 두 양상이며 두 형태의 결과이다. 우리는 삶과 죽음 사이에 존재하며, 우리의 존재는 이 두 힘 사이에서 균형을 유지하기 위

한 투쟁이라 할 수 있다.

인간의 영혼은 신이라는 보편적인 영혼의 일부이다. 많은 철학과 종교에서 인간의 몸은 그 신성이 깃들어 있는 성전으로 묘사한다. 그러기에 몸을 청결하게 하고 건강한 상태로 유지하는 것은 우리의 제일가는 의무인 것이다.

세계보건기구(WHO)에 의하면 건강은 단순히 질병이 없다던가, 허약하지 않다는 것뿐만 아니라, 신체적 정신적 사회적으로 양호한 상태를 말한다. 즉 건강이란 몸이 편안한 상태에 있는 것을 의미한다. 아무런 병이 없고 피로하지 않으며, 일반적인 활동을 수행할 수 있는 몸을 지닌 사람이 건강한 사람이다. 이러한 사람은 마음과 감각이 조화롭고 균형상태에 있다. 운동선수같이 특별한 체력을 가진 사람은 다만 다른 것을 희생시키고 근육만 발달시켰을 뿐이지 꼭 건강하다고는 말할 수 없을 것이다.

다음은 두 글은 30여 년 전에 주장한 체육관이 전인교육을 지향하는 오늘의 현실을 다시금 대변한다.

"다른 사람을 경멸하고 그가 원하는 것을 갖지 못하도록 하는 것으로부터 즐거움을 느끼는 변태적인 사람들이 득실대는 나라를 한 번 상상해 보라. 이것은 우리가 현재 행해지고 있는 운동경기나 생활방식을 다른 방식으로 바꾸지 않을 때 보게 될 우리의 모습이다"(Orlick, 1977).

"실재로, 현재의 지배적 스포츠 문화에 대항하는 저항문화는 '우승이 모든 것'이라는 롬바르드 주의적 윤리에 반대되는 가치를 지향한다. 경쟁보다는 협동, 결과중심보다 과정중심, 남자위주보다는 남녀평등, 권위주의보다 자율성과 자기 표현력이 더욱 중요시되는 것이다"(Scott, 1974).

우리는 대부분 부조화된 상태에 살고 있으며 건강과 마음의 평화를 위해서 무엇보다도 심신의 균형이 필요하다. 21세기의 체육스포츠는 단지 신체의 움직임을 통한 육체의 건강을 넘어선 정신 건강과 그들 사이에 조화로움에 이르는 길을 보다 연구하고 그 방법을 제시하여야 할 것이다.

이를 위해 우리 자신이나 사회, 과학, 문화에 대한 접근방법을 전체적인 요가적 시각에서 재조명해볼 필요가 있다. 요가 행법은 더욱 고양되고 개선된 존재 상태를 이룰 수 있도록 몸을 자극한다. 지금은 인생의 정묘하고 불가시적인 측면이 가시적이고 구체적이고 쉽게 측정될 수 있는 물질적 측면만큼 중요하다는 것을 깨닫는 시대이다. 행복과 진정한 안정, 즉 마음의 평화를 발견하지 못하는 것은 우리가 순전히 외부적이며 구체적인 사실, 테크놀로지와 같은 측면에만 의존하기 때문이다.

행복과 평화는 마음속에 있다. 요가는 우리의 삶에 균형을 주고 정묘한 것을 깨닫게 할뿐 아니라 고양된 지성, 직관, 창조력을 통하여 인생의 정묘한 측면을 실제적인 사실과 경험, 개인 및 사회적 생활의 주요 부분으로 만들어 줄 기법을 제시한다.

1) 스포츠에서 요가기술

건강과 관련된 요가의 훈련은 예방(preventive), 치료(curative), 그리고 증진(promotive)에 있다. 요가과학은 이를 위한 많은 기술들을 가지고 있지만 이 단원에서는 보편적으로 널리 알려진 요가수트라(Yoga Sutra)의 수행방법을 소개하려 한다.

요가수트라는 베다해석에 따른 요가체계로서 요가학파의 가장 오래된 문헌으로 5세기경에 파탄잘리(Patanjali)에 의해서 지어졌다고 전해진다. 그 중 제1편 삼매품(三昧品 samadhipada)은 삼매의 본질과 목적을 말하며, 제2편 실수품(實修品 sadhhanapada)은 삼매를 실현하기 위한 수단을 설명하고, 제3편 신통품(神通品 vibhutipada)에서는 요가수행을 통하여 얻어지는 초 자연력에 대하여, 그리고 제4편 독존품(獨存品 kaivalyaapada)에서는 해탈의 본질에 대하여 설명하고 있다.

파탄잘리에 의하면 요가란 신체적 정신적인 여러 요소들의 제어를 통하여 '마음작용을 없애는 것'이라고 말한다(요가수트라 1.2). 그리고 마음 작용을 없애는 일은 욕망의 극기와 단련을 통하여 가능해진다고 말한다(요가수트라 1.12). 이를 위하여 파탄잘리 요가수트라 2.29에서는 여덟 가지 단계 - 야마(yama), 니야마(niyama), 아사나(asana), 프라나야마(pranayama), 프라트야하라(pratyahara), 다라나(dharana), 드야나(dhyana), 사마디(samadhi) - 의 수행법을 통하여 몸과 마음의 정화방법을 제시하고 있다.

⑴ 야마(yama)란 스스로 자기 확신을 위해서 자제하여 지키는 계행으로, 살행하지 않는 것, 정직 및 도둑질하지 않는 것, 금욕 그리고 필요하

지 않은 것을 받지 않고 필요로 하는 모든 사람에게 나누어 주는 탐내지 않음을 말한다(요가수트라 2.30).

(2) 니야마(niyama)는 어떤 대상에 대하여 가져야 할 마음가짐과 지켜야 할 태도를 말하는 것으로 내·외적인 정화, 연구, 예배 등을 말한다(요가수트라 2.40~45).

(3) 아사나(asana)는 올바른 바른 자세와 운동법을 말하며, 몸을 똑바로 하고 올바른 자세로 앉아 마음을 완전한 평정 속에 두는 것을 말한다. 이에 대하여 요가수트라 제2.46~48에서는 "좌법은 안정되고 또한 쾌적한 것으로, 노력을 늦추어 마음을 끝없는 것에 합일함으로써 얻어지며, 그 결과 상대적인 상황에서 괴롭혀지지 않는다"라고 말한다.

(4) 프라나야마(pranayama)는 프라나(prana 생명력)를 다스리는 것으로 호흡을 조절함으로써 심신의 작용을 조절하는 방법을 말한다. 이는 요기들에 의해 의지수련과 함께 주로 호흡제어로 수행되었으며, 프라나마야 수행의 결과는 쿤달리니의 각성에 있다. 요가수트라 1.34 의하면 호흡조절을 통하여 마음의 정화를 얻을 수 있다고 한다. 이와 더불어 2.24~53에서는 내외적인 대상들로의 집중을 통하여 프라나를 억제함으로써 이루어지는 쿰바카(kumbhaka 止息法)의 조식법을 통하여 마음은 감각세계에서 물러나 고요해질 수 있다고 한다.

(5) 프라티야하라((pratyahara)는 주의를 외부의 모든 감각적인 대상으로부터 거두어들여 내면세계로 들어가는 것을 의미한다. 요가수트라 2.53~54에서는 "제감이란 여러 감각기관이 각자의 대상과 결합되지 않

기 때문에 마음의 본래 상태와 같이 되며 그 결과 감각기관은 최고의 순
종성을 지니게 된다"고 한다.

지금까지 언급한 야마, 니야마, 아사나, 프라나야마, 프라티하라는 궁
극적인 요가의 정신적 몰입을 위한 정화의 단계로 하타요가 또는 크리야
요가로 부르며, 이에 대하여 다라나(dharana), 드야니(dhyana), 사마디(sa
madhi)는 정신수련법으로 합일의 단계를 위한 요가의 근간으로 라자요가
(Raja yoga)라고 부른다.

(6) 다라나(dhrana)는 마음을 한곳으로 끌고 와 그곳에 유지시켜 완전
히 집중을 하는 응념(凝念)의 상태를 말한다.

(7) 드야나(dhyna)는 마음을 하나의 대상에 고정한 채 응시하여 의식작
용이 계속 집중된 상태를 말한다.

(8) 사마디(samadhi)는 감각세계를 넘어 초 물리적인 의식 차원인 내면
의 실제 세계로 들어가 집중된 선정이 그 대상만 빛나고 자기 자신이 없
어진 상태를 말한다. 줄리언 존슨(Julian Johnson)에 의하면 사마디의 단계
로는 "고양된 의식이 사물의 내적인 의미만을 자각하고, 모든 세계가 수
정처럼 투명해지며 모든 지식이 드러나는 삼얌(samyam), 마음이 모든 시
간의 변화를 초월해서 더 이상 변하지 않고 불변의 상태에 이르는 니르
비칼파(Nirvikalpa), 마음자체가 제거되어 어떤 것으로도 묶이지 않는 순수
한 영혼이 직각으로 모든 것을 아는 상태인 티틱샤(Titiksha)단계"가 있다
고 말한다.

요가 수행법 가운데 앞의 다섯 가지는 신체적 수련을 위한 것으로 하

타요가 또는 크리야요가라 부르며, 정신수련을 위한 나중의 세 가지는 라자요가라 부른다.

2) 프라나야마를 기본으로 한 기술

다음으로 지금까지 언급한 파탄잘리 요가수행 체계 중에서 육체적인 기능을 정상적으로 조절해주는 아사나와 호흡조절을 통하여 신체의 안정과 마음을 정화시키는 프라나야마를 기본으로 하여 스포츠에 적용될 수 있는 기술들을 언급하고자 한다.

(1) 아사나(Asana)

아사나란 어원적으로 앉음, 앉은 형태를 의미하며 수천 년 전부터 요가 수행자들이 개발한 일종의 과학적인 운동체계이다. 아사나는 정적이거나 동적인 몸의 자세로 육체적 움직임에 따른 호흡의 일치를 포함한다. 이는 혈액순환을 자극하고, 관절을 유연하게, 근육을 탄력 있게, 내장기관기능을 원활하게 만들어 몸의 건강을 유지하게 한다. 뿐만 아니라 감각기관을 제어할 수 있는 능력과 안정된 마음을 조절할 수 있는 능력을 향상시킨다. 스와미 니란잔다(Swami Niranjanda)에 의하면 "마음의 조잡한(gross) 형태가 몸이고, 몸의 미묘한 형태가 마음이다"라고 한다. 또한 현대 과학에서도 모든 정신적인 유대는 육체적 근육의 연결과 대응되어 몸과 마음은 긴밀한 유대를 지니고 있음을 입증하고 있다. 몸의 근육과 관절에서 축적된 긴장들은 아사나의 규칙적인 운동을 통하여 이완되어질 때, 자동적으로 마음에 축적된 긴장도 제거된다. 아사나의 동작은 몸의 모든 부위의 근육을 당기고 늘리고 척추와 관절의 기능을 향상시켜 몸의 조직을 새롭게 형성시키고, 몸 내부 기관과 혈액, 신경계 등 모든 기능의 활성화로 인하여 육체와 정신의 긴장을 해소시키고 에너지의 근원으로의 길을 열어주는 역할을 한다.

또한 명상적인 긍정정인 사고의 실천적 분위기가 내면의 분위기를 조성시켜 집중력과 사고력을 향상시키므로 아사나에 의한 각성은 운동선수 자신의 치유능력을 강화시켜, 상해를 빠르게 치유하고 회복시켜주며 몸과 마음의 건강을 증진시켜 줄 수 있다.

아사나는 명상을 목적으로 하는 좌법과 신체를 단련하고 조정하기 위한 자세들로 나눌 수 있다. 다음은 요가에서 사용되는 기본형의 아사나이다.

(2) 아사나 (Asana)의 기본체위

① 서기 동작

타다 아사나 (Tadasana) : 타다(Tada)는 산을 사마(Sama)는 곧은 또는 움직이지 않음을 의미한다. 그러므로 타다 아사나는 산처럼 안정되고 곧바로 서 있는 자세를 말한다. 이 자세는 가장 단순하며 기본이 되는 자세이다.

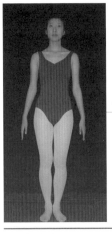

【동작】

① 두발을 모아 바로 선다.

② 두 무릎을 붙이고 엉덩이를 수축시키며, 넓적다리 뒤 근육을 위로 당긴다.

③ 복부는 안으로 수축하고, 척추는 곧게 편다.

④ 체중을 양발에 고르게 싣는다.

【효과】

일반적으로 잘못된 서있는 자세로 인하여 체중의 분산을 고르게 하지 못하여 중력의 변화를 느끼게 되며, 몸의 불균형으로 인하여 척추의 탄성을 방해하여 긴장되므로 몸이 피곤하게 된다. 바른 자세는 다리의 근육을 골고루 발달시키고 균형과 평형감각을 향상시킨다.

【변형 자세】

브륵샤아사나

(Vrksasana 나무)

나타라자사나

(Natarajasana 시바)

가루다아사나

(Garudasana 독수리)

② 전굴동작

파르치모타나 아사나(Paschimottanasana) : '파르치마'는 서쪽을 의미하며, 신체에 적용하면 몸의 뒷부분을 의미한다. 이 아사나에서는 몸의 뒷부분을 뻗게 되기에 이 이름이 붙여졌다. 또한 이 아사나는 자기억제, 금욕을 뜻하는 '부라마차리아(Bramacharya) 아사나'라고도 부른다.

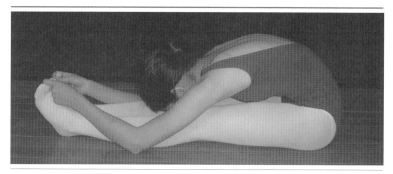

【동작】
① 다리를 앞으로 곧게 펴고, 손바닥은 엉덩이 옆에 둔다.
② 숨을 내쉬며, 오른쪽 엄지, 검지 그리고 중지로 오른발 엄지발가락을 잡는다. 왼발도 동일하게 한다.
③ 척추를 완전히 펴고 등을 오목하게 한다.
④ 숨을 내쉬며 몸을 앞으로 내밀고 이마가 무릎에 닿도록 한다.

【효과】
동물의 척추는 수평을 유지하고 심장은 척추의 아래 부분에 있다. 파르치모타나는 척추를 수평상태로 하여 심장, 척추 및 간장 질환에 좋은 효과를 주며, 마음의 분노, 초조, 불안을 안정시킨다. 또한 골반부에 힘이 가해지므로 생식선의 활력을 증대시킨다.

【변형 자세】

우파비스타 코나아사나
(Upavvistha Konasasana)

리브리타 파르치모타나아사나
(Parivrtta Paschimottanasana)

③ 앉은 동작

파드마아사나(Padmasana 연꽃좌자세) : 파드마는 연꽃이라는 의미이다. 이 연꽃좌 자세는 매우 중요하고 유용한 아사나 중의 하나이다. 명상을 하기 위한 고전적인 자세로 하타요가 프라디피카에서는 이 아사나에 대하여 다음과 같이 설명한다.

"파드마아사나의 모습을 취하고, 손바닥을 차례로 겹쳐놓고, 턱을 가슴에 고정시키고, 브라흐만을 깊이 생각하며, 항문을 자주 수축하여 아파나(apana)를 위로 올린다. 이와 유사한 방법으로 목구멍을 수축시키고, 프라나(prana)를 아래로 내린다. 요기는 이 과정에서 쿤달리니(Kundalini)의 각성으로 무상의 지혜를 얻는다."

【동작】

① 양다리를 곧게 편다.

② 오른쪽 다리의 무릎을 구부리고, 손으로 오른발을 잡아 오른발 뒤꿈치가 배꼽 가까이 오도록 왼쪽 다리 위에 놓는다.

③ 왼쪽 다리를 구부리고, 손으로 왼발을 잡아 왼발 뒤꿈치가 배꼽 가까이 오도록 오른쪽 다리 위에 놓는다.

④ 발바닥은 위로 향하도록 한다.

⑤ 척추를 바로세우고, 각 양손은 무릎에 놓는다.

⑥ 다리를 균형 있게 발달시키기 위하여 양다리의 위치를 바꾼다.

【효과】

이 자세를 오래 취할수록 신진대사가 느려지며, 마음을 주의 깊고 방심하지 않게 하여 집중력을 향상시킨다. 육체적 측면에서 무릎과 발목의 경직을 다스려 부드럽게 하며, 혈액이 허리부분과 복부에서 순환하기 때문에 척추와 복부기관을 좋게 한다.

【변형 자세】

| 발목 · 무릎자세 | 반 연꽃 자세 | 나비 자세 |

④ 눕기 동작

사바아사나(Savasana 송장자세) : 사바아사나는 조용한 마음으로 바닥에 시체처럼 누워있는 자세이다. 이 아사나는 몸과 마음의 이완자세로 아주 단순지만 습득하기에 매우 어려운 동작이다. 이 자세는 아사나를 시작할 때나 완전히 끝낼 때 행하며, 근육을 이완시켜준다.

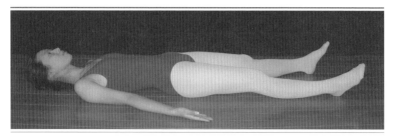

【동작】

① 누워서 발을 18인치 정도 벌리고 손을 6인치 정도 몸에서 벌리고 손바닥이 위로 가게 한다.
② 편안한 자세로 무릎 발가락을 위로 향하게 한다.
③ 눈을 감고 길게 호흡하며 몸에서 힘을 제거한다.

【효과】

많은 생리적인 변화를 통하여 호흡과 맥을 부드럽게 하여 스트레스를 제거하고 몸의 모든 기능에 휴식을 주어 몸과 마음을 맑게 한다. 운동 중에 피로하거나 호흡이 가쁘면 이 자세를 활용하여 긴장 이완 작용의 리듬을 활용할 수 있다.

【변형 자세】

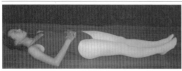 

⑤ 거꾸로 서기

할라아사나(Halasana)：할라(Hala)는 쟁기를 의미한다. 이 아사나는 쟁기 모습과 비슷하여 붙여진 이름이다.

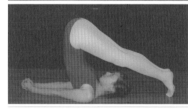

【동작】

① 누워서 손바닥을 바닥에 대고 팔을 펴고 호흡을 들이쉬며 다리를 위로 올려 엉덩이를 뒤로 젖힌다.

② 손을 등 중앙에 대고 누르며 무릎을 머리 뒤로 넘긴다.

③ 발이 머리 뒤쪽으로 바닥에 닿게 하고 팔은 반대 방향으로 뻗는다. 손은 깍지 끼고 엄지손가락이 바닥에 닿게 한다.

【효과】

두뇌의 신경을 안정시키기 때문에 미주신경과 복부기관의 수축으로 인하여 활성화되어 위장에 도움이 되고 관절염이나 어깨와 팔의 경직에 좋은 효과가 있다.

【변형 자세】

사람바 시르사아사나(Salamba Sirsaasana) : 사람바는 지탱하다, 사르사는 머리를 뜻한다. 이 아사나는 머리를 바닥에 대고 물구나무 서기를 한 자세로 아사나 중의 왕으로 일컬어진다. 이 자세는 정신과 육체적인 면에서 균형과 안정을 얻게 하며 혈액을 자극하여 두뇌에 공급 시켜 두뇌를 건강하게 한다.

⑥ 비틀기 동작

아르다 마첸드라아사나(Ardha Matsyendrasana) : 아르다(Ardha)는 절반, 마첸 드라(Matsyendra)는 물고기 신을 의미한다. 하타요가 프리티피카에서 마 첸드라는 하타 비디아(Hatha Vidya)의 창시자로 언급되고 있다. 시바신이 해변에서 요가의 신비에 대하여 설명할 때 그 곳의 한 물고기가 그 설법 을 진심으로 들었다는 신화에서 유래된 것이다.

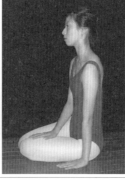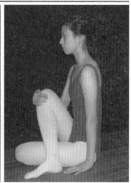

【동작】

① 발바닥을 엉덩이에 대고 꿇어 앉는다.

② 왼쪽 발로 앉는다.

③ 오른쪽 다리를 왼쪽으로 가져가고 척추를 바로 세운다.

④ 오른팔을 뒤로 돌리며 척추를 왼쪽으로 튼다.

⑤ 오른팔을 왼쪽 무릎 바깥으로 내며 왼쪽 발을 오른손으로 잡는다.

【효과】

이 아사나는 척추를 비틀어 유연성을 기르게 하고, 척추 신경계와 인대를 자극하여 하복부 소화기계통의 활동을 향상시켜준다.

⑦ 후굴 동작

다누라아사나(Dhanurasana) : 다누(Dhanu)는 활을 의미한다. 마치 궁수가 활을 뒤로 당긴 자세인데 활시위와 같이 손은 머리, 몸통, 다리를 당기기 위해 사용한다.

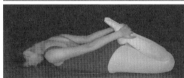

【동작】

① 머리와 배를 바닥에 대고 엎드린다.

② 숨을 들이쉬며 무릎을 구부린 뒤, 팔을 뒤로 하여 발목을 잡고, 서서히 고개와 다리를 들면서 호흡을 내쉰다.

③ 호흡을 들이쉬면서 머리와 가슴을 올리고, 동시에 발목을 당기면서 무릎을 바닥에서 들어 올린다.

④ 호흡을 내쉬며 다리를 내려놓는다.

【효과】
경직된 척추에 탄력을 주고 복부근육을 강화시켜 소화기 계통과 내장기관의 기능을 건강
하게 하여준다.

【변형 자세】

우르드바다누라아사나   라구바즈라아사나
(Urdhva Dhanurasasana)   (Laghu Vajrasasana)

(3) 프라나야마(pranayama 호흡법)

스와미 사티야난다(1997)에 따르면 프라나야마(pranayama)는 'prana'는
생명력을, 'ayama'는 확장, 길이, 뻗음의 의미를 가진 합성어로 프라나야
마는 프라나(prana)에 대한 확장과 그것에 대한 조절을 의미한다. 프라나
는 몸 전체에 퍼져 있는 생명력으로 운동성을 본성으로 하고 인체내의
생리적 활동을 일으키는 힘으로 초현실적, 무차원적, 에너지와 유사한,
생전기적, 생자기적, 고주파의, 고진동의, 초월적인 힘을 발휘하는 실체
로 구성되어진 복잡한 다차원에너지의 형태라 할 수 있다(유상구, 1998).

마이뜨리 우파니샤드 (2.6)에 의하면 , 인간의 신체에 스며있는 생체에

너지 프라나는 각기 다양한 기능들에 따라 다음의 다섯 가지로 분류된다.

"내쉬는 숨을 프라나(prana)라고 했고, 들이쉬는 숨을 아파나(apana)라 불렀으며, 이 숨을 떠받치고 있는 숨을 브야나(vyana)라 부르고, 아파나처럼 들이쉬면서 먹은 음식을 세밀하게 조각조각 나누고 그 세밀한 조각들을 육신의 모든 부분에 나누어주는 숨을 사마나(samana)라 했다. 브야나 숨보다 높이, 그 대공 중에 있는 숨이 우다나(udana)숨이다. 그래서 먹고 마신 것을 올리고 내리는 일을 하는 것이 우다나 숨이다."

각각의 역할에 대하여 살펴보면 다음과 같다.

① 프라나(prana)는 후두와 횡경막 사이의 영역에서 활동하는 것으로 심장과 폐의 기능을 조절한다. ② 아파나(apana)는 배꼽과 골반근처의 영역 발바닥까지 하복부영역에서 활동하는 생명에너지로 소변과 대변의 배설 기능을 조절하며 신장, 방광, 대장, 생식기, 항문의 기능을 조절한다. ③ 사마나(samana)는 심장에서 배꼽사이에 위치하며 간장, 췌장, 위장 등 소화 기관을 조절한다. ④ 우다나(udana)는 팔, 다리, 머리에 위치하며 모든 감각 기관을 담당하며 교감신경과 신경조직을 조절하고 공기와 음식물의 흡수를 조절한다. ⑤ 브야나(vyana)는 전 신체부위에 널리 작용하고, 근육의 운동과 다른 프라나를 조절하며, 음식과 호흡에서 나오는 에너지를 분배해준다.

이러한 프라나의 확장을 위한 프라나야마는 푸라카(puraka 들숨), 레차카 (rechaka 날숨) 그리고 들숨과 날숨이 없는 쿰바카(kumbhaka 지식)의 세 가지 과정을 포함하고 있다.

그러나 프아나야마는 단지 폐 속에 충분한 산소를 제공하기 위한 호흡훈련만이 아닌 신체의 에너지장의 경로에 프라나의 흐름에 영향을 주기 위하여 사용한다.

또한 보조적인 역할을 하는 다섯 가지 바유(vayus)가 있다. 이들은 복부의 팽창감을 덜어주는 나가(naga), 이물질이나 너무 밝은 빛에서 눈을 보호하기 위해 눈꺼풀의 운동을 조절하는 쿠르마(kurma), 재채기나 기침을 통하여 이물질이 콧구멍을 통하여 넘어가는 위험을 방지하는 크르카라(krkara), 하품을 함으로써 피곤한 육체에 충분한 산소를 공급하는 데바다타(devadatta) 그리고 사람이 죽은 후에도 육체에 남아 있으며, 때때로 시체를 부풀어 오르게 하는 디남쟈야(dhanamjaya)가 있다.

또한, 호흡은 생리학적으로 산소와 이산화탄소를 허파에서 교환하는 작용인 외호흡과 세포에서 일어나는 교환 작용인 내호흡으로 분류한다. 우리의 폐는 기도(氣道)가 7만2천 개가 되며, 허파꽈리는 약 3억 개로 이의 면적은 신체 겉넓이의 20배로 생기의 섭취와 불순물의 제거 역할을 하고 있다. 호흡에 의해 섭취된 산소는 약 30~40%가 뇌에서 소비되고, 약 7%는 심장에서, 팔과 다리와 장기 기관에서 약 50%를 소모한다. 만일 평상시에 5% 정도만 부족하여도 현기증이 나며, 15% 정도 부족하면 기절하거나 사망한다고 한다. 평상시 호흡으로 활동량을 높이려 할 때, 적응이 원활하지 못하면 호흡 허약상태를 유발한다. 따라서 호흡능력의 향상을 위한 수련으로 폐포의 벽이 잘 확장되도록 흉곽의 유연성이 필요하고, 횡경막의 상하작용을 원활하게 하기 위하여 호흡의 수련법들이 필요하다.

요가에서는 프라나야마를 통하여 에너지의 흐름을 조화롭게 이루어 마음의 평온은 물론 육체의 안정을 조절할 수 있게 한다. 이에 대하여 마이뜨리 우파니샤드 6.25에서는 "숨과 마음의 하나 됨, 감각들의 하나 됨, 그 어떤 상태의 존재도 모두 사라지는, 이 과정을 요가"라고 호흡의 중요성을 말한다.

밀교 경전에 의하면 프라나야마의 목적은 '우리 몸안에 있는 쿤달리니를 일깨우는 것이다'라고 한다. 이를 위한 프라나야마의 수련방법에는 ① 폐에 산소를 공급하고 담(痰)을 제거하며 신경을 진정시키고 전체 조직을 향상시키기 위한 웃자이(Ujjayi) 프라나야마, ② 일반 호흡보다 많은 산소를 혈액에 공급시켜 신경의 정화를 목적으로 하는 나디 소다나(Nadi Sodhana), ③ 오른쪽 콧구멍으로 쉰 숨이 프라나가 핑갈라, 즉 수리아 나디를 통과하여 이다 나디의 통로인 왼쪽 콧구멍으로 나가는 수리아 베다나(Surya Bhedana) 프라나야 등이 있다.

나디들은 프라나 흐름을 통하여 유체의 관이나 신경관으로 흐른다. 아사나와 프라나야마는 나디들을 정화시키며 프라나가 막혀 자유롭게 흐르지 않으면 건강이 나빠지는 결과를 가져온다.

프라나야마는 자율신경의 균형의 유지력을 강화시켜주고, 깊은 호흡으로 전신의 혈액순환을 촉진시켜 몸을 정화하는 작용을 지닌다. 이에 스포츠에서 다른 생리적인 시스템들의 적절히 균형 있는 기능들은 프라나야마의 훈련을 통하여 이루어질 수 있으며, 지속적인 수행을 통하여 쾌락과 감각적인 사고방식을 변화시키고, 선수들의 집중력과 스태미너를 향상시키는 데 중요한 역할을 할 수 있다.

(4) 프라타하라(pratyahara)

프라타하라는 각각의 행동 영역들로부터 감각과 외적인 대상들로부터의 내적인 몰입을 의미한다. 이는 본능적인 신체기능을 제어하는 것으로 환경과 신체의 기능들이 안정되면 마음이 일정한 상태에 들어 감각의 영향으로부터 벗어나는 상태가 되어 집중을 준비하게 한다.

스포츠에서 몸과 마음의 조화는 매우 밀접하게 연결되어 있으며, 건강한 몸과 조화로운 마음은 선수의 훌륭한 기량을 위해서 요구되고, 올바른 기량의 향상을 위해서 운동선수들에게 필요한 긍정적인 자질이 요구된다. 이를 위한 명상 훈련은 운동선수들에게 올바른 인격과 긍정적인 자질들을 향상시킨 뿐만 아니라 불안을 조절하고 마음을 이완시키는 데 도움을 줄 수 있다.

프라타하라를 위한 수행방법으로 요가 니드라(yoga nidra), 안타마우나(antarmouna), 그리고 아자파자파(ajapa japa) 등을 들 수 있다.

① 요가니드라(yoga nidra)

요가니드라는 의식의 정지 또는 동적에서의 정지를 의미하며, 육체적, 정신적, 감성적 이완을 유도하는 체계적인 방법이다. 요가니드라는 마음의 최면적인 상태에 속해있는 이완상태로 알파파(alpha waves)에 의해서 작용되는 꿈과 깨어 있는 사이의 단계이다.

운동선수들의 강한 의지와 결단력은 스스로를 훌륭한 사람으로 만든다. 스포츠에서 운동선수들의 강한 의지와 결단력은 대단히 중요한 문제이다. 이 강한 의지는 초월의식뿐만 아니라 의식상태의 활동이므로 강한 의지와 결단력은 개발되어지며, 요가니드라를 통하여 취해질 수 있다. 또한 스포츠 현장에서 승리의 충동이나 자신의 실수들에 대한 이해들을 개발하기 위하여 요가니드라의 시각화(visualization)는 활력적인 역할을 할 것이다.

② 안타 마우나(antar mauna)

안타 마우나는 내면의 침묵(inner silence)이라는 의미로 조용히 눈을 감고 마음에서 떠오르는 많은 생각들에 집중 없이 마음의 평정을 유지하는 수행방법이다.

안타 마우나의 수행은 무의식적인 긴장뿐만 아니라 의식적인 긴장 상태를 서서히 완화시켜주기 때문에 연속적인 불안과 긴장의 상태에 놓여 있는 운동선수들의 마음의 이완상태를 유지시켜줄 수 있다.

③ 아자파자파(ajapajapa)

아자파자파는 완전한 집중으로 마음의 매개체인 호흡을 인식하는 수행법으로 수행 시 의식적인 깊은 호흡과 이완, 완전한 의식을 중요시한다. 이 수행은 마음의 이완을 유도하며 선수들의 긍정적인 태도와 자질을 개발하는 데 도움을 준다.

2) 스포츠에 적용할 수 있는 요가 원리

성공적인 스포츠인이 되기 위하여 요구되는 첫 번째의 자질은 관련된 스포츠 선수들의 수행기술과 능력이다. 그러나 운동선수들에 의하여 개발될 필요가 있는 또 다른 능력과 요구되는 것이 있다. 운동선수들의 성공적인 수행을 위하여 요가적인 훈련과 연습에 의하여 효과적으로 운용될 수 있는 필수적인 특성들을 언급하려 한다.

(1) 신체적 건강

요가에서 육체의 완전함은 아름답고, 우아함과 강력함, 그리고 금강석 같은 견고함에 있다고 말한다(요가수트라 3.45). 스포츠에서도 신체적 건강은 모든 운동선수들에게 있어 가장 필수적으로 요구되는 사항이다. 여기에는 힘, 유연성, 민첩성, 스태미너, 지구력이 포함된다. 스포츠 선수들은 이러한 목적을 위하여 훈련하지만 일련의 상해와 다른 문제들로 인하여 몸과 마음에 또 다른 스트레스를 느끼고 있다. 그러나 선별된 아사나와 프라나야마는 몸과 마음에 가중되는 스트레스를 줄일 수 있는 방법을 제시하고 있으며, 아사나를 통해 성취된 유연성은 운동을 통해 이룰 수 있는 것보다 더욱 영속성을 지니고, 프라나야마는 스태미너, 힘, 지구력을 향상시키는 데 도움을 준다.

(2) 감정 조절

우리는 많은 운동경기에서 선수들의 감정 조절 실패, 특히 긴장, 자만, 의기소침 등으로 좋은 경기를 수행하지 못하는 경우를 볼 수 있다. 스포츠에서 부정적인 감정 조절과 긍정적인 감정의 증진은 경기의 승패에 가장 커다란 요인이 될 수 있다. 그래서 마음의 이완과 호흡의 자각이 요구되며, 이를 위한 방법으로 아자파자파의 수행은 매우 이로움을 준다. 또한 박티요가의 수행은 마음을 긍정적으로 향상시키며 부정적인 감정의 조절에 도움을 준다.

(3) 최상의 경쟁력과 협동

현대의 스포츠는 모든 경기에 우승해야 한다는 풍토로 인하여 경기가 열세가 되면 협동심이 결여되는 상태를 초래하곤 한다. 경쟁은 필수적인 것이지만 승리를 위해 그 이상을 넘어선다는 것은 좋은 일이 아니다. 카르마요가와 박티요가는 선수들의 협동하는 자세를 키워주는데 도움을 줄 수 있으며, 경쟁의 부정적인 요소를 줄일 수 있다.

(4) 정신적 민첩성과 집중력

모든 스포츠에서 민첩성과 집중력은 좋은 수행결과를 얻기 위해 필수적인 부분이다. 보통 집중은 걱정이 있을 때 어려워진다. 그 이유는 주의가 눈 중추까지 올라가는 대신 가슴 중추에 붙기 때문이다. 명상에 임할 때는 적어도 우선은 모든 근심을 단호하게 쫓아버리고 주의를 눈 중추에 유지하면서 마음속에 다른 생각이 없이 집중해야한다.

Bhramari Pramayama, Trataka, Shambhavi, Nasagra mudra 등은 정신적인 민첩함과 집중력을 기르는 수행방법이다(Satyananda, 1977). 명상 역시 집중력을 향상시킬 수 있는 방법이다.

(5) 승리를 위한 추진력, 자기 확신, 강한 의지

이러한 요소들은 스포츠에서 끝까지 좋은 경기를 하기 위한 선수의 정신적인 측면들이다. 선수가 강력한 추진력을 갖기 위하여 선수자신에 대한 완전한 신뢰 그리고 강한 의지와 결단력을 소유하여야 한다. 이러한 요소는 계속적인 정신적 훈련을 통하여 이루어질 수 있으며, 요가의 정신적 이완의 수행과 프라티야하라(pratyahara) 특히 요가 니드라의 수행은 선수들에게 매우 유용하다.

VI. 철학에서 문화로

역사상 모든 현자들은 '인간의 몸은 커다란 은총'이라고 말한다. 우리에게 알려진 물리적인 세계에서 인간은 많은 능력과 재능을 지닌 가장 우월한 종으로 만물 중에 가장 부러운 존재의 위치에 있다. 이는 우리가 지성 또는 이성이라 불리는 사고 작용과 함께 우리의 마음에 의해 실제적으로 무엇을 성취할 수 있는 능력을 지니고 있기 때문이다.

그러나 이러한 능력 뒤에 우리가 지성의 수준에서 성취할 수 없는 것이 있다. 그것은 바로 인류 최상의 목적으로, 완전한 신비의 세계로 남아 있는, 우리의 지성 너머에 있는 죽음의 정복인 것이다.

또한 우리는 인류의 생성과 진화과정에서 어느 시대에서나 한결같이 '생로병사(生老病死)의 수레바퀴에서 자유로워지는 삶은 무인인가?'라는 물음을 던져왔고 이를 위해 끝없이 노력을 해왔으며, 오늘도 육체의 감각적인 욕망과 마음의 끝없는 번뇌(煩惱) 속에서 영혼의 완전한 자유와 해탈(解脫)을 외치고 있다.

지성(intelligence)은 마음의 한 도구로서 마음의 영역 내에 제한된다. 또한 의식의 수준에서 일어나는 마음은 원인체(causal region)라 불리는 카르마적인 영역 내에 존속하고 있으므로 그러한 지성으로는 제한된 그 이상의 무엇을 알 수가 없는 것이다.

실제적으로, 죽음을 정복하기 위한 일들은 완전히 신비스러운 인류의 진정한 목적체이다. 그리고 인간 존재 내에서 영속적으로 갈구하고 있는 미개척분야인 것이다. 그러나 종종 현자들은 인간만이 지닌 유일한 특징으로서 종교적 방법들을 적용하여 육체적 죽음의 영역을 넘어설 수 있다고 지적해 왔으며, 이를 위한 방법으로서 관조(contemplation)와 명상(meditation)을 언급하고 있다.

관조한다는 것은 대상 주체 또는 객체상의 반향을 의미하며, 이는 우리가 갈망하는 대상에 각성된 의식을 집중시키기 위하여 우리의 주의를 의지에 집중할 수 있는 능력을 말한다.

단지 인간이라는 종만이 지닌 관조와 명상의 특별한 능력이 의미하는 것은 무엇인가? 우리의 내면세계는 지적으로나 물질적 만족감으로 채워질 수 없는 그 무엇이 항상 존재한다. 이 글을 통하여 우리는 어떠한 지적 훈련을 통한다고 하더라도 내면세계의 깨달음에 접근하기 힘들다는 것을 확인하였다.

그것이 우파니샤드의 아트만이든 아니면 상키야가 주장하는 푸루샤이든 모든 인도의 사상들은 감각과 마음을 넘어선 몸이라는 내면의 길에서 그 실체를 찾으려 하였다.

이를 위해 요가에서는 다섯 코샤 너머에 있는 아트만이 빛을 발하기 위하여 마음의 본성을 이해하고 몸의 중추들을 개발하여 내면으로의 여행의 길들을 제시하였다. 그 과정들을 간단히 요약하여 다음과 같이 말할 수 있다.

발바닥에서 시작하여 머리꼭대기에서 끝이 나는 내면의 여행은 두 단계로 나누어진다. 첫 번째는 발바닥에서 미간까지이며, 두 번째 단계는 미간으로부터 정수리까지의 여행이다. 우리의 육신 안에서 각성상태로 함께 묶여진 영혼과 마음의 자리는 미간에 자리하고 있다. 그러나 우리의 의식은 감각과 마음의 작용으로 바깥세상에 두루 퍼져 있기에 우리는 고요한 상태를 유지하지 못하고 있다.

우리의 주의를 회수하기 위해서는 열 번째 문이라는 미간에 위치한 중추에 집중함으로 의식을 고양시킬 수 있다. 또한 의식이 회수되는 과정에서 각 차크라들이 진동하는 빛과 소리들을 경험하게 된다. 이때 마음과 영혼은 함께 묶여 있으므로 니랏(nirat 볼 수 있는 능력), 수랏(surat 들을 수 있는 능력)을 통하여 진동의 빛과 소리들을 경험하며, 이로 인하여 낮은 진동들은 사라지고 감각들로부터 자유로워진다.

육체를 구성하고 있는 지(地), 수(水), 화(火), 풍(風), 공(空)의 요소들이 그들의 근원으로 돌아갈 때, 마음이 그 자신의 근원인 트리쿠티로 회수될 때, 그리고 영혼이 그 자신의 근원으로 합일할 때, 육체적, 정신적 그리고 영혼의 평화를 얻을 수 있을 것이다. 이를 위하여 요가에서는 몸과 마음이 싸트바적인 구나를 형성하도록 자신의 분위기를 만들어야 함을 강조하고, 육체적 건강, 도덕적 삶, 신의 사랑과 헌신을 개발하는 실천적 수행법들을 제시하였다.

카비르는 '익은 과일이 한번 나무에서 떨어지면 다시는 돌아갈 수 없듯이 인간의 삶은 한번 낭비하면 다시 얻기 어렵다'고 진리를 향한 깨달음의 중요성을 강조하였다.

진리는 외부로부터 얻어질 수도 있지만 자신의 개발을 통해 내적으로 참 진리에 도달하는 방법들을 제시하고 있는 요가·명상의 수행은 우리 마음의 평정의 유지와 함께 중용의 덕을 기르고, 의식을 고무시키고 향상시켜, 삶에 조화로운 균형을 유지시켜줄 것이다.

산업혁명 이후 서양의 물질주의와 동양의 신비주의가 한 세기를 지나면서 과학문명의 발달로 동서양의 가치가 급속히 상호 접목되고 있는 오늘날, 그 모든 것이 여과 없이 받아들여지면서 내면이 고갈되는 편파적인 지식위주의 혼란과 다양한 가치 속에서 환경에 맞는 가치관을 재정립하기에 필요한 정신적 도구의 필요성을 절실히 느끼게 되었다.

수천 년에 걸쳐 진정한 영원한 자유를 위하여 많은 성자들과 요기(yogi)들에 의하여 발전된 요가의 방법과 기술들은 인도인들이 추구하는 해탈이라는 삶의 궁극적인 목표에 도달하기 위한 방법이지만, 21세기의 극대화된 물질문명에 기성 종교뿐만 아니라 의학, 심리학, 체육학, 각종 예술분야 등에 접목하여 응용되고 있다.

인간은 지성만도 아니며, 동물적인 육체만도 아니고, 마음이나 영혼만도 아니다. 우리 몸의 정신과 육체와 영혼은 나눌 수 없는 전체를 이루고 있다. 그러므로 이것들이 제각기 발전한다거나, 서로 무관하게 성장한다고 가정하는 것은 커다란 잘못이다. 교육은 사람의 육체, 정신, 영혼을 포괄적으로 개발하는 것이다. 읽고 쓰는 능력은 교육의 목적도 아니며, 시작도 아니며, 다만 교육의 여러 수단중 하나일 뿐이다. 읽고 쓰는 지식이 없었다면 사람은 발전할 수 없었다고 생각한다면 잘못된 것이다. 그런 지식은 삶에 품위를 줄 수 있을지언정 사람의 도덕적, 육체적, 물질적 성장에 반드시 필요하지는 않다.

따라서 균형 있는 교육을 위해 체육·스포츠가 주는 가장 큰 장점은 어느 학문으로도 이룰 수 없는 내면세계 깨달음의 갈증을 심신의 훈련을 통해서 실현할 수 있다는 것이다. 그것이 동적이든 정적이든 고귀한 신체를 통하여 인내되는 그 뒷자리에는 커다란 깨달음이 있음을 요가와 명상세계에서 입증하고 있다.

또한 인간의 완성을 목표로 실천적 학문인 체육학 영역에서 요가는 최근 들어 스포츠정신의 타락과 함께 엘리트스포츠의 물질 또는 경쟁주의 범주를 뛰어넘어, 단지 동적인 스포츠뿐만 아니라 동과 정이 함께 조화하는 스포츠문화 형성으로 새로운 지평을 열 수 있을 것이다.

요가는 몸과 마음의 이완, 건강한 육체적 훈련, 마음의 조절과 안정을 위한 올바른 호흡, 절제된 음식, 도덕적인 생활과 명상을 근본원리로 하고 있으므로 체육·스포츠 현장에 직접적으로 적용할 수 있다. 특히 명상과 더불어 하타요가의 아사나, 프라나야마 그리고 프라타하라의 이론 내용과 수련은 체육·스포츠 발전에 있어서 신체적·정신적 가치를 증폭시키는데 커다란 역할을 해줄 수 있을 것이다.

참고문헌

강동원,『체육·스포츠사 연구』, 보경문화사, 1997.

김광백,『요가의 길』, 아리오, 1983.

김동규,『체육원리의 제 문제』, 경북: 영남대학교 출판부, 2000.

김사엽,『現代 스포츠 社會學의 理解』, 학문사, 1998.

김영환 외 5인,『체육철학』, 연세대학교 출판부, 2002.

김용태,『정체체조와 체벽』, 호영, 1997.

류시화 옮김,『영혼의 피리소리』, 정신세계사, 1989.

류시화 옮김,『티벳 사자의 서』, 정신세계사, 1995.

박희준 옮김,『기란 무엇인가』, 정신세계사, 1997.

박희준,『선의 이해를 위하여』, 대원정사, 1987.

석지현 옮김,『바가바드기따』, 일지사, 1992.

신정호,『명상의 유형과 상태에 관한 고찰』, 한국체육철학회 춘계학술대회지, 2001.

신정호,『인도사상으로 바라본 몸』, 한국체육철학회 춘계학술대회지, 2002.

신정호 외 2인,『스포츠와 요가』, 한국체육철학회 춘계학술대회지, 2003.

안영길 옮김,『선의 사상과 역사』, 민족사, 1989.

안용규,『체육원리』, 한국체육대학교 강의교재, 2002.

오세진 외 11인, 『인간행동과 심리학』, 학지사, 1999.

유기천 옮김, 『티벳 밀교 요가』, 정신세계사, 2001.

유기천 옮김, 『티벳 해탈의 書』, 정신세계사, 2000.

이명수, 『건강생활과 스포츠』, 한올출판사, 1999.

이병원, 『건강과 운동』, 한올출판사, 2000.

이정섭 옮김, 『미라레빠의 십만송』, 시공사, 1994.

이재숙 옮김, 『우파니샤드』, 한길사, 1996.

이재숙·이관수 옮김, 『마누법전』, 한길사, 1999.

이태영, 『요가철학』, 도서출판여래, 2003.

정태혁, 『요가수트라』, 동문선, 2000.

정태혁, 『요가 우파니샤드』, 정신세계사, 2003.

정태혁, 『인도철학』, 학연사, 2003.

장현갑·강성군, 『스트레스와 건강』, 학지사, 1996.

최의창, 『체육교육탐구』, 태근문화사, 1999.

柳田聖山, 안영길·추호만 옮김, 『禪의 思想과 歷史』, 민족사, 1989.

上山春平(1969), 정호영 옮김, 『아비달마의 철학』, 민족사, 1989.

Ananda Mitra, 이정이 옮김, 『명상인을 위한 채식』, 전북: 아난다마르가, 1992.

Ananda Mitra, 정현숙 옮김, 『초의식의 세계를 넘어서』, 전북: 아난다마르가, 1994.

Baird T. Spalding(1962), 정창영 옮김, 『초인생활』, 정신세계사, 1993.

B.K.S. Iyengar(1966), 현철 옮김, 『요가디피카』, 법보신문사, 1997.

C.A. van Peursen(1956), 손봉호·강영안 옮김, 『몸·영혼·정신』, 서광사, 1985.

Callum Coats, 유상구 옮김, 『살아있는 에너지』, 양문, 1998.

Dalai Lama(1995), 진우기 옮김, 『깨달음의 길』, 부디스트 닷컴, 2001.

D.M. Armstrong, 하종호 옮김, 『마음과 몸』, 철학과 현실사, 2002.

Ernest Wood, 박지명 옮김, 『요가란 무엇인가』, 하남출판사, 2002.

Harish Johari, 이의영 옮김, 『차크라』, 하남, 1996.

Itzhak Bentov(1987), 류시화·이상무 옮김, 『우주심과 정신물리학』, 정신세계사, 1997.

J. Welwood, 최해림 옮김, 『심리치료와 명상』, 범양사, 1989.

Jiddu Krishnamurit, 윤시원 옮김, 『나도 비고 너도 비고』, 덕성문화사, 1991.

John Welwood, 박희준 옮김, 『동양의 명상과 서양의 심리학』, 범양사, 1978.

Kabir, 류시화 옮김, 『여기 등불 하나가 심지도 없이 타고 있네』, 청맥, 1990.

Lawrence Le Shan, 이동민 옮김, 『명상이란 무엇인가』, 태일출판사, 1994.

Mohandas K. Gandhi, 김남주 옮김, 『마음을 다스리는 간디의 건강철학』, 뜨란, 2001.

Mohandas K. Gandhi, 이재경·유용호 옮김, 『위대한 영혼의 스승이 보낸 63통의 편지』, 지식공작소, 1997.

Murdo MacDonald Bayne, 박영철 옮김, 『티벳의 성자를 찾아서』, 정신세계사, 1987.

Neal Donald Walsh(1995), 조경숙 옮김, 『신과 나눈 이야기』, 아름드리, 1999.

Paramahansa Yogananda(1981), 김정우 옮김, 『요가난다』, 정신세계사, 1992.

Paul Brunton, 이균형 옮김, 『인도 명상기행』, 정신세계사, 1990.

Platon, 박종현 옮김, 『국가·政體』, 서광사, 2001.

Platon, 박종현 옮김, 『티마이오스』, 서광사, 2000.

R. Scott Kretchmar(1994), 김창룡·안용규·김홍식 옮김, 『실천 및 현장중심의 스포츠철학』, 대한미디어, 2001.

Rabindranth Tagore, 김기태 옮김, 『기탄잘리(Gitanjali)』, 민음사, 1992.

Sarvepalli Radhakrishnan(1923), 이거룡 옮김, 『인도철학사』, 한길사, 1999.

Sivananda Yoga Vedanta Centa(1983), 박지명 옮김, 『요가』, 하남출판사, 1999.

Swami Satyananda Saraswati, 박광수 옮김, 『쿤달리니 탄트라』, 양문, 1998.

Swami Sivananda Radha, 최정음 옮김, 『하타요가와 명상』, 정신세계사, 1978.

Baba Jaimal Singh(1580). *Spritual Letter*. India, New Delhi: Baba Barkha Nath.

Brian Hines(1999). *Life is Fair*. India, New Delhi: Baba Barkha Nath.

Chandravati Rajwade(1978). *Tukaram*. India, New Delhi: Rekha Printers Pvt. Ltd.

Dalal A.s.(2001). *A Greater Psychology*. India: Aurobindo International Center of Education.

Daryai Lal Kapur(1964). *Call of the Master*. India, New Delhi: Anupam Art.

Dasgupta S.N.(1975). *A history of Indian Philosophy*. India: Motilal Banarsidass.

Diemer Deedre(2002). *The ABC's of Chakra Therapy*. India: Motilal Banarsidas Publishers.

Dora van Gelder Kunz(1989). *The Chakras and Human Energy Field*. India: New Age

Books.

Huzur Maharaj Sawan Singh(1959). *My Submission*. India, New Delhi: G.D. Makhija.

Huzur Maharaj Sawan Singh(1961). *Tales of the Mystic East*. India, New Delhi: Baba Barkha Nath.

Huzur Maharaj Sawan Singh(1963). *Discourses on Sant Mat*. India, New Delhi: Baba Barkha Nath.

Huzur Maharaj Sawan Singh(1963). *Philisophy of the Master*. India, New Delhi: Anupam Art.

Huzur Maharaj Sawan Singh(1965). *Spiritual Gems*. India, New Delhi: Baba Barkha Nath.

Huzur Maharaj Sawan Singh(1985). *The Dawn of Light*. India, New Delhi: India Offset Press.

J.R. Puri and V.K. Sethi(1977). *Saint Namdev*. India, New Delhi: Baba Barkha Nath.

J. Stanley White(1972). *Liberation of the soul*. India, New Delhi: Baba Barkha Nath.

Julian P. Johnson(1934). *With a Grate Master in India*. India, New Delhi: Baba Barkha Nath.

Julian P. Johnson(1939). *The Path of the Master*. India, New Delhi: BaBa Barkha Nath.

K.N. Upadhyaya(1979). *Dadu*. India, New Delhi: India Offset Press.

K.N. Upadhyaya(1987). *Dariya*. India, New Delhi: India Offset Press.

K.N. Upadhyaya(1982). *Guru Ravidas*. India, New Delhi: India Offset Press.

Lsaac A. Ezekiel(1978). *Saint Paltu*. India, New Delhi: Baba Barkha Nath.

Maharaj Charan Singh(1958). *Light on Saint John*. India, New Delhi: Baba Barkha Nath.

Maharaj Charan Singh(1958). *Light on Sant Mat*. India, New Delhi: Baba Barkha Nath.

Maharaj Charan Singh(1964). *Spiritual Discourses*. India, New Delhi: Baba Barkha Nath.

Maharaj Charan Singh(1966). *The Master Answers*. India, New Delhi: Anupam Art.

Maharaj Charan Singh(1969). *The Path*. India, New Delhi: Baba Barkha Nath.

Maharaj Charan Singh(1974). *Thus Saint The Master*. India, New Delhi: Baba Barkha Nath.

Maharaj Charan Singh(1978). *Light on Saint Matthew*. India, New Delhi: India Offset Press.

Maharaj Charan Singh(1979). *Die to live*. India, New Delhi: Anupam Arts.

Maharaj Charan Singh(1983). *Spiritual Heritage*. India, New Delhi: Baba Barkha Nath.

Maharaj Sardar Bahadur Jagat Sing(1959), *The Science of the Soul*. India: BaBa Barkha Nath.

Maharaj Sw.(1964). *Science of soul*. India: Yoga Nikentan Trust.

M.F. Singh(1997). *Honest Living*. India, New Delhi: Baba Barkha Nath.

Miriam Bokser Caravella(1989). *The Holy Name*. India, New Delhi: Baba Barkha Nath.

Mohandas K. Gandhi(Commentary)(2002). *Bhagvad-gita*. India: Grange Books.

Nirnajananda Saraswati(1993). *Dharana Darshana*. India, Munger: BYB.

Niranjanananda Sw.(1994). *Prana Pranayama Prana vidya*. India: BSY.

Rama Sw.(1985). *Perennial Psychology of Bhagavata Gita*. India: Himalayan International Institute.

Sardar Bahadur Maharaj Jagat Singh(1959). *The Science of the Soul*. India, New Delhi: Baba Barkha Nath.

Sarvepalli Radhakrishnan(1923). *Indian Philosophy,* Oxford University press,Inc.

Satyananda Sw.(1984). *Kundalini Tantra*. India: Yoga publications trust.

Satyasangananda Sw.(1992). *Tattwa shuddhi*. India, Munger: BSY.

Shanti Sethi(1991). *Treasure beyond Measure*. India, New Delhi: India Offset Press.

Soami Ji Maharj(1955). *Sar Bachan*. India, New Delhi: Baba Barkha Nath.

Swami Niranjanananda Sarawati(2002). *Asana Pranayama Mudra Bandha*. India: Yoga Publication Trust.

Swami Niranjanananda Sarawati(1999). *Dharana Darshan*. India: Bhargava bhushan Press.

Swami Muktibodhananda(1984). *Swara Yoga*. India: Bhargava bhushan Press.

Swami Satyananda Saraswati(2000). *Kundalini Tantra*. India: Thomson.

Swami Sivananda(2001). *Japa Yoga*. India: The Divine Life Society.

Tarabilda Edward. F.(1988). *Ayurveda Revolutionized*. India: Motilan Banarsidass.

V.K. Sethi(1979). Mira, *The Divine Lover*. India, New Delhi: Baba Barkha Nath.

신정호

한국체육대학교 교수.
한국체육대학교에서 체육학 이학박사, 인하대학교에서 수학 이학박사 학위를 취득했다. 충남 예산 여래미리 산자락에서 삿상(Satsang, 명상회중)을 20년 넘어 이어가고 있다.

한국체육대학교 학술교양총서 002
요가철학

초판 1쇄 인쇄 2020년 6월 30일
초판 1쇄 발행 2020년 7월 8일

지은이 신정호
펴낸이 최종숙
펴낸곳 글누림출판사

편 집 이태곤 문선희 권분옥 임애정 백초혜
디자인 안혜진 최선주 김주화
마케팅 박태훈 안현진

주 소 서울시 서초구 동광로46길 6-6(반포4동 577-25) 문창빌딩 2층(06589)
전 화 02-3409-2055(대표), 2058(영업), 2060(편집)
팩 스 02-3409-2059
전자우편 nurim3888@hanmail.net
홈페이지 www.geulnurim.co.kr
블로그 blog.naver.com/geulnurim
북트레블러 post.naver.com/geulnurim
등록번호 제303-2005-000038호.(2005.10.5.)

정가는 뒤표지에 있습니다.
ISBN 978-89-6327-614-4 94690
        978-89-6327-604-5 (세트)

* 이 도서의 국립중앙도서관 출판예정도서목록(CIP)은 서지정보유통지원시스템 홈페이지(http://seoji.nl.go.kr)와 국가자료종합목록 구축시스템(http://kolis-net.nl.go.kr)에서 이용하실 수 있습니다. (CIP제어번호 : CIP2020026086)